오 자 표

페이지	오자(誤字)	정자(正字)
6	인사(人師)	인사(人事)
83	인사(人師)	인사(人事)
83	섬길 사(師)	섬길 사(事)

인생학개론
(人生學概論)

인생학개론(人生學槪論)

초판인쇄 ㅣ 2015년 6월 25일
초판발행 ㅣ 2015년 6월 30일

지 은 이 ㅣ 군맹서진(群萌西眞)
펴 낸 이 ㅣ 윤인섭
펴 낸 곳 ㅣ 도서출판 구담
디 자 인 ㅣ 엣지피앤디

등　　록 ㅣ 1979년 4월 4일 제414-3080000251001979000001호
주　　소 ㅣ 경기도 연천군 연천읍 고문리 515번지
전　　화 ㅣ 031-834-2140
팩　　스 ㅣ 031-834-2141

ISBN 978-89-87964-04-1 03120

값 12,000원

人生學槪論 _ 군맹서진 지음

도서출판
구담

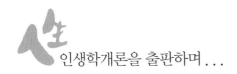
인생학개론을 출판하며 . . .

    통도사로 들어가 중이 된 지 30년이 넘었다. 그 세월 동안의 화두는 오로지 종교란 무엇이며 스님이란 무엇인지 하는 것이었다.

    그럴 수밖에 없었던 이유는, 이 땅에 재가불교를 뿌리내리고 싶다는 아버님의 뜻에 따라 중이 되었고, 그 아버님의 뜻에 따라 중인 채로 결혼도 하고 두 군데 절에 주지도 해야 했기 때문이었다. 그러다 보니 부처님의 시줏돈으로 처자식을 부양하여야 하는데, 그 행위가 이 중에게는 떳떳해야했다. 왜냐하면 처자식을 부양할 길이 없어서 중노릇을 하는 것이 아니라, 재가불교를 뿌리내리고 싶다는 아버님의 꿈을 이루어 드리기 위하여 하는 것이기 때문이었다.

    그래서 이 사회에서 종교는 왜 필요한 지가 궁금했다. 그것을 알아야 불교라는 종교의 성직자가 이 사회에서 어떠한 역할을 해야 하는지도 알게 될 것이고, 그 역할을 이 중이 제대로 한다면 시줏돈으로 처자식을 부양해도 떳떳할 것이기 때문이었다.

    이 화두는 일본유학을 마치고 절의 주지가 되고 결혼한 지 10여 년이 지나서야 풀렸다. 사람은 몸이 병들면 의학에 의존하여 고치고 마음이 병들면 심리학에 의존하여 고친다. 그런데 건강한 몸과 건전한 정신을 가지고도 힘든 인생을 사는 사람은 의학도 심리학도 고쳐주지 못한다. 이런 사람들의 고통을 치유하는 것이 종교였던 것이다.

    그런데 원시적인 의학은 주술이나 치유를 경험한 이들의 경험에 의존한 민간요법이 전부였던 것처럼, 인생이 아프다는 개념조차 없는 현시대에서 종교의 인생치유 역시 기도나 수행 나아가 좋은 말씀이나 성공한 사람들의 사례가 전부였다. 그러다가 원효(元曉)교학을 접하면서 이 중이 공부한 친란(親鸞)교학을 실생활에 적용할 수 있게 되고, 그러면서 석존(釋尊)의 팔정도(八正道)를 뼈대로 삼고 용수(龍樹)보살의 육바라밀과 세친(世親)보살의 오문(五門)으로 살을 붙여 인생의 병을 진단하고 치유하는 시스템을 개발하게 되었다.

    그리고 이것으로 건강한 몸과 건전한 정신을 가지고도 고달픈 인생을 살 수밖에 없었던 이들을 치유하였고 그 성과는 실로 놀라왔다. 그런데 그 성과가 너무나 놀랍다보니, 치유를 경험한 사람들이 주변사람들에게 지나치게 권유하게 되고, 인생이 병들 수 있다는 사실도 모르는 사람들은 그들을 사이비종교에 현혹된 사람들로 취급했다. 그러다 보니 치유를 경험한 이들 역시 자신의 경험을 의심하는 지경에 이르게 되었다. 그리고 불교신자들은 자신들이 알고 있던 불교와 다르다는 이유로, 또 타종교의 신자들은 자신들의 종교가 아니라는 이유로 인생치유를 거부했다. 그리고 또 치유를 거부하는 더욱 결정적인 이유는 사람들이 종교를 찾는 이유가 인생치유가 아니라 인생위로였다는 사실이다.

그래서 '종교'라는 틀을 떠나기로 했고, 그래서 만든 것이 인생치유연구소이다. 그리고 그곳에서 인생치유사를 양성하기로 했다. 그러다 보니 인생학개론과 인생치유학을 가르쳐야겠다는 생각을 했고 그러다 보니 교재가 필요했다. 그래서 이 책을 출판하게 된 것이다.

이 책이 이루고자 하는 목적은 두 가지이다. 하나는 인생치유사 양성이다. 왜냐하면 인생을 치유하려는 사람은 인생이 무엇인지 적어도 그 개론적인 것은 알아야 하기 때문이다. 그리고 두 번째는 인생치유 필요성에 대한 전파이다. 왜냐하면 인생학개론은 건강한 인생의 표본을 제시하는 것이기 때문이다. 따라서 이 책을 읽으면서 수긍이 되고 그리고 지금의 고통에 대한 해법을 찾아 실천하여 해결하였다면 건강한 인생이다. 하지만 수긍이 되지 않거나 설사 수긍이 되었더라도 해결책이 보이지 않거나 실천이 되지 않는다면 그것은 인생이 아픈 것이다. 그런 사람이 바로 인생치유가 필요한 것이다.

이 책이 세상에 나오게 된 사연은 그렇다 치고, 어쨌든 이 한 권의 책이 고달픈 인생을 살아가는 사람들을 도와주고 싶다는, 그 사명을 다하기를 기원한다.

나무아미타불!

2015년 정월 오봉산 오봉사에서   군맹서진 합장

목차

서론
(序論)

1. 본질적인 의문

인생(人生)이란, 태어나서 어른이 되고 취직하고 결혼해서 아이 낳고 키우다 보면 부모님의 죽음을 맞이하고, 그러다가 자신의 죽음으로 끝을 맺는 여정이다. 누구라도 이와 대동소이(大同小異)한 여정을 산다. 이 여정에는 예행연습이란 없다. 리허설도 없이 바로 시작되는 본방이다. 그리고 또 이 여정은 어쩌면 한 번 뿐일지도 모른다.

하지만 또래가 학교를 다니고, 어른이 되고, 취직하고, 결혼하기 시작하면 어김없이 다음은 자기차례이고, 또 백일잔치, 돌잔치, 부모님의 환갑·회갑·장례식을 하기 시작하면 어김없이 다음은 자기차례이니, 다행히도 다음 여정이 가까워지면 미리 알려주는 친절함은 있다.

그런데, 그럼에도 불구하고 왜 준비하고 맞이하는 사람은 아무도 없는 것일까?
어른이 되는 준비란 어른 되면 고생 안 하고 먹고 살기 위하여 넉넉한 보수에 정년까지 해고되지 않는 안정적인 직장이나 사업자금을 마련하는 것이고, 결혼준비란 결혼식과 신혼살림을 할 수 있는 밑천을 마련하는 것이고, 아이를 낳고 키울 준비란 아이들 양육비를 준비하는 것이고, 부모님의 죽음을 맞이할 준비란 부모님의 장례비용을 준비하는 것이고, 자신의 죽을 준비란 남은 사람들을 위하여 생명보험에 가입하고 상조회에 가입하면 되는 것인가?

그런데 한 번 생각해보라. 처음 가보는 여행지, 만약 그곳을 조금이라도 누리고 싶다면, 고생스럽더라도 그곳에서 가 보고 싶은 곳, 또 해보고 싶은 것을 제대로 누리고 싶다면, 그곳이 어떤 곳이며 그곳에는 무엇이 있는지 그리고 그곳에서는 어떻게 보내야 재미있을지를 미리 알아보고 준비해야 할 것이다.

그런데 그런 준비는 전혀 없고 그냥 고생 안 하고 편안하게 보내기만을 바란다는 것은, 그곳은 가도 그만 안 가도 그만인 곳으로 아무런 에피소드도 없이 그냥 무탈하게 스치듯 그곳을 지나치기를 바란다는 것이다.

인생의 여정, 그것은 분명히 누구에게나 처음 살아보는 것이며 어쩌면 두 번 다시 살아볼 수 없을지도 모르는 그런 것이다. 그런데 매 순간 우리가 맞이하는 인생의 여정이 제대로 누리기 위한 준비도 없이 진정 죽기 위해 어쩔 수 없이 살아야만 하는 그런 곳인가? 그래서 아무런 에피소드도 없이 그냥 무탈하게 빨리 스치듯 지나치기만을 원한다는 것인가?

아니다. 내 인생은 하나밖에 없고 다시는 없을 수도 있다. 그렇기에 다른 이에게는 보잘 것 없는 것일지 몰라도, 나에게는 분명히 아무리 많은 비용을 지불해도 살 수 없고 또 그 어떤 값비싼 보석과도 그 어떤 귀한 것과도 바꿀 수 없는 소중하고 귀한 것이다.

그렇다면 성인이 되는 것이 무엇인지 정도는 알고 성인이 되고, 결혼이 무엇인지, 아이를 어떻게 키워야 하는지, 부모님의 죽음을 맞이한다는 것이 무엇인지, 죽음이라는 것이 무엇인지 정도는 알고 죽음을 맞이하여야 하지 않겠는가? 왜 알고 싶어 하지도 않고 알려고도 하지 않으며 이 모든 여정을 느닷없이 닥쳐서 맞이하는 것일까? 그러면서도 행복해지기를 바라니 이는 모래로 밥을 짓는 격이 아닌가.

도대체 왜들 그러는 것일까?

학교에 갈 때 필요한 준비물은 교과서 · 공책 · 연필 · 책가방 등등… 이런 것들을 생각한다. 그런데 과연 이것만 가지고 가면 학교에 가서 공부를 할 수 있을까?

학교는 공부하러 가는 곳이다. 공부는 모르는 것을 배우는 것이다. 그러니 모르는 것이 없다면 배울 것이 없으니 당연히 공부는 할 수 없다. 그러므로 공부를 하려면 모르는 것이 있어야 한다. 다시 말해서 아무리 교과서 · 공책 · 연필 등 이런 것들이 있어도 모르는 것이 없다면 공부는 할 수 없다. 그러나 설사 이런 것들이 없더라도 모르는 것만 있다면 공부는 할 수 있다. 그러므로 학교 갈 때 반드시 가지고 가야 할 것은, 모르는 것이다.

그런데, 그럼에도 불구하고 많은 학생들이 모르는 것이 없는 채로 학교에 간다. 심지어 지금 한국의 학부형들은 자기 아이들을 모르는 것을 없애버린 채로 학교에 보내기 위해서 사교육을 시킨다. 그리고 그 사교육비를 마련하느라 뼈 빠지게 고생한다.

도대체 왜들 그러는 것일까?

그것은 학교의 용도를 모르기 때문이다. 학교는 공부하는 곳인데 경쟁하는 곳으로 착각하기 때문이다. 그렇기에 아이들은 모르는 것을 부끄러워한다. 그래서 질문하는 것을 꺼리고 또 선생님의 질문에 바르게 답하지 못하면 망신당한 것으로 안다. 하지만 학교는 배우는 곳이다. 그렇기에 모르는 것은 자랑스러운 것이고, 선생님의 질문에 바르게 답하지 못하는 것은 당연한 것이고, 선생님에게 질문하는 것은 학생이 해야 할 본분이며 학교를 제대로 누리는 것이다. 그럼에도 불구하고 그렇지 않은 사람들이 더 많다.

사람들이 인생을 배우려 하지 않는 이유, 인생을 미리 준비하려고 하지 않는 이유, 인생을 누리려 하지 않는 이유, 그리고 스치듯 얼른 지나가 주기만을 바라며 편안하기만 하고 고생스럽지 않기를 바라는 이유, 또 그렇게 살면 그것을 잘 사는 것이라고 생각하는 이유, 그것도 학교의 경우처럼 인생이 왜 시작됐는지, 또 이 여정의 목적이 무엇인지를 모르기 때문이 아닐까?

그렇다면 우리는 도대체 왜 사는 것일까?

이것은 한번쯤은 누구라도 생각해 보았을 질문이다. 하지만 그 누구도 속 시원하게 대답할 수 없는 질문임에는 틀림없다. 그러다 보니 이런 질문은 그냥 답이 없는 질문으로 간주하고 사는 것이 상식이 되어버렸다.

하지만 그 답은 의외로 간단하다. "태어났으니까." 또는 "죽을 수 없으니까." 그럼 "왜 태어났는가?" 이것 역시 그 답은 의외로 간단하다. "살려고." 그럼 왜 죽을 수 없는가? 이것 역시 간단하다. "살아 있으니까." 그럼 다시 본래의 질문으로 되돌아가 보자. "우리는 왜 사는 것일까?" 이렇게 하니 이제야 그 답이 비로소 명료해진다. "살려고." 그렇다. 우리는 살려고 태어난 것이다. 그러므로 인생은 사는 곳이다. 따라서 인간의 삶의 목적은 바로 '사는 것'이다.

그리고 학교에는 배우러 간다. 그런데 경쟁하러 가는 줄 안다. 그러다 보니 모르는 것을 만드는 것이 예습인데 모르는 것을 부끄럽게 생각하고 모르는 것을 없애는 선행학습이 예습인 줄 안다. 그런 짓을 하니 공교육이 무너지는 게 당연하지 않은가?

학교가 배우는 곳인 것처럼 인생은 사는 곳이다. 그런데 사람들은 죽기 위하여 빨리 지나쳐야 하는 곳으로 안다. 그래서 인생은 될 수 있는 한 편안하고 고생스럽지 않게 보내면 되는 줄로 안다. 그러므로 열심히 공부해서 높은 보수와 안정적인 직장을 얻으면 성공적으로 성인이 된 것이고, 결혼식과 신혼살림 자금을 마련하여 근사한 결혼식을 올리고 풍족하게 신혼살림을 시작하면 성공적으로 결혼한 것이고, 아이를 낳아 높은 보수와 안정적인 직장을 얻게 키워냈으면 아이들을 잘 키운 것이고, 고위인사들의 참석 하에 호화스럽게 부모님의 장례식을 치르면 부모님의 죽음을 잘 맞이한 것이고, 많은 재산을 남기고 호화스러운 장례식을 치르면서 만인의 축복을 받으며 죽으면 참으로 훌륭한 일생을 보낸 것으로 안다.

그런데 분명히 알아야 한다. 인생은 사는 곳이다. 죽기 위하여 잠시

스치고 지나쳐야 할 과정이 아니다. 그런데 왜 고생하지 않고 편안하기만 바라는가? 분명히 죽기 위한 과정이 인생이 아닐진대 도대체 왜 죽기 위해 사는 것처럼 살까? 왜 그러는 것일까? 이것은 산다는 것이 무엇인지 모르기 때문이다.

그러면 도대체 산다는 것은 무엇일까?

우선 살아 있는 것은 생물(生物)이고, 살아 있지 않은 것은 무생물(無生物)이다. 그러므로 산다는 것은 생물만이 하는 짓인데, 그런 생물이 하는 짓은 물질로 신진대사(新陳代謝)를 하고 성장하며 자극에 반응하고 자가 치유능력을 가지며 종족번식을 하니, 그것이 바로 사는 짓이다.

무생물에게도 물질은 있으나 무생물의 물질은 이런 짓을 하지 않는다. 그래서 생물에게는 무생물과 달리 물질에게 그런 짓을 시키는 무엇인가가 있다고 간주하는데, 그것을 우리는 마음이라 부른다. 그리고 생물의 물질에는 마음이라는 것이 깃들어 있어 사는 짓을 하는 것이어서, 생물의 물질을 무생물의 물질과 구분하여 몸이라 한다.

그러므로 산다는 것은 마음이 깃든 물질인 몸이 신진대사를 하고 성장하고 자극에 반응하고 자가 치유능력을 가지고 종족번식을 하는 것이니, 산다는 것은 즉 몸과 마음이 사용되고 있는 것이다.

몸은 쓰면 쓸수록 피로해진다. 그리고 마음은 쓰면 쓸수록 상처받는다. 그런데 산다는 것이 몸과 마음을 쓰는 것이니, 살면 몸은 피로해지고 마음은 상처받을 수밖에 없다. 그러면 죽을 것 같은 상태가 된다.

그런데 살아 있는 그 어떤 것도 죽고 싶어 하지 않는다. 살고 싶어 한다. 그래서 죽을 것 같은 상태를 싫어한다. 그래서 몸이 피로해지는 것을 싫어하고 마음이 상처받는 것을 싫어한다. 그러다 보면 될 수 있는 한 몸도 마음도 사용하지 않으려고 한다. 그러면 죽은 것 같은 상태가 된다. 그런데 많은 사람들은 그것이 편안하고 행복한 것인 줄 안다. 그래서 연습도 없고 단 한 번 뿐일 수도 있는 인생을 그렇게 특별한 에피소드도 없이 평범하기를 바라며 사는 것이다.

　그렇기에 산다는 것은 삶을 누리는 것이고, 살고 싶어 하는 것은 삶에 집착하는 것이다. 그런데 사람들은 삶을 누리지 못하고 집착한다. 왜냐하면 어쩌면 한 번 뿐일지도 모르고 예행연습도 없는 것이 인생이기 때문이다. 다시 말해서 아주 소중하기 때문이다. 그래서 집착하고, 실패가 두려워 도전하지 못한다. 결국 제대로 누려보지도 못하고 삶을 마감하는 것이다.

　그러면 어떻게 하면 좋을까?

　산다는 것과 살고 싶어 하는 것은 다르다는 것을 알고, 살고 싶어 하지 말고 제대로 살아야 한다. 그러면 살고 싶은 것과 사는 것은 어떻게 다른가?

　사는 것은 몸과 마음을 쓰는 것이니, 살게 되면 당연히 몸은 피로해지고 마음은 상처받게 된다. 다시 말해서 죽을 것 같은 상태가 된다.

　그런데 살고 싶어 하는 것은 죽기를 싫어하는 것이다. 그러므로 당연히 죽을 것 같은 상태를 안 만들려고 한다. 따라서 몸이 피로해지고 마음이 상처받는 것을 극도로 싫어한다. 그러므로 몸과 마음을 보호하는 것에 힘을 쏟을 수밖에 없다. 그래서 몸과 마음을 가능한 한 적게 쓰도록 노력한다. 다시 말해서 죽은 것과 같은 상태를 만드는 것이다.

그러므로 산다는 것은 죽을 것 같은 상태가 되는 것이고, 살고 싶다는 것은 죽은 것과 같은 상태가 되는 것이다. 다시 말해서 죽을 것 같은 것이 사는 것이고, 죽은 것 같은 것이 살고 싶어 하는 것이라는 말이다. 즉 산다는 것은 죽음을 의식하지 않고 그냥 사는 것에만 열중하는 것이고, 살고 싶어 하는 것은 죽을 것이 두려워 최대한 피하면서 사는 것이다. 그래서 결국 살게 되면 비록 죽을 것 같은 상태가 되기는 하지만 삶을 제대로 누리게 되고, 살고 싶어 하게 되면 죽은 것 같은 상태를 유지하며 죽을 날만 기다리게 되는 것이다.

그러므로 제대로 살고 싶다면 살아야 한다, 살고 싶어 하지 말고. 그러려면 알아야 한다, 인생이 무엇인지. 그리고 바라야 한다, 그 인생이 행복해지기를. 다시 말해 탄생에서 죽음에 이르는 여정을 사는 주체는 무엇이며, 또한 그 여정은 어떤 것인지, 그리고 그 인생이 행복해지려면 어떻게 해야 하는지, 이런 것들을 제대로 알아야 한다.

이 인생학개론이 앞으로 이야기하고자 하는 것들은 바로 이런 것들이다. 그렇기에 이제 이 책이 그러한 이야기들을 어떻게 풀어갈지 이 책의 구성에 대하여 소개하고 서론을 마치고자 한다.

2. 인생학개론의 구성

인생이란 사람의 삶이다. 그것은 탄생을 시작으로 성장·결혼·육아의 과정을 거쳐 죽음에 이르는 여정이다. 사람이라면 누구나 다 그러한 여정을 산다. 그러면서 누구나 다 행복해지기를 기대한다. 그런데 행복이 무엇인지도 모르면서 자신의 인생이 행복해지기를 바란다는 것은 말도 안 된다. 그래서 인생을 강의하기에 앞서 우선 행복이란 무엇인가에 대하여 이야기할 것이다.

그리고 인생의 여정에 대하여 이야기하기에 앞서 인생의 구조에 해당하는 것에 대하여 이야기하고자 한다. 우리가 자동차를 타고 여행을 하고 있다고 가정하여 보자. 그러면 거기에는 여행의 여정과 그 여정을 달리는 자동차, 그 자동차가 달리는 환경, 그 차를 운전하는 운전자가 있다. 인생도 이와 같다. 탄생에서 시작되어 성장·결혼·육아의 과정을 거쳐 죽음에 이르는 여정인 우리의 인생에도, 그 여정을 사는 각자의 인생이 있고, 그 인생이 살아가는 환경이 있고, 그 인생을 사는 주체인 내가 있다.

인생의 여정을 사는 인생이라는 것과 그리고 그것이 놓여 있는 환경, 그리고 그 인생을 살아가는 주체에 대하여 알아야 한다. 그래야 행복한 인생의 모델을 제시할 수 있을 것이기 때문이다.

　그리고 난 연후에 인생의 여정에 대하여 이야기할 것인데, 인생의 여정 속에는 누구라도 반드시 맞이하지 않으면 안 되는 전환점이 있다. 우리 인류는 그 전환점을 맞이하면 예로부터 시대와 지역을 막론하고 의식을 거행하며 자신의 인생을 되돌아보고 점검하였는데, 그것을 우리는 관혼상제(冠婚喪祭)라 부른다.

　관혼상제의 관(冠)은 성인(成人)이 되었을 때, 혼(婚)은 배우자를 맞이하여 새로운 가정을 꾸릴 때, 상(喪)은 부모님의 죽음을 맞이하였을 때, 제(祭)는 부모님의 죽음을 상기할 때 지내는 의식이다. 그러므로 성인이 되는 순간·결혼을 하는 순간·부모님의 죽음을 맞이하는 순간을 우리 인류는 인생의 여정에 있어서 가장 중요한 전환점으로 본 것이다.

　이러한 관점에 의하면 인생의 여정은 크게 4기로 나뉘는데, 제1기는 탄생에서 성인이 될 때까지이고, 제2기는 성인이 되어 결혼할 때까지이고, 제3기는 결혼해서 부모님의 죽음을 맞이할 때까지이며, 제4기는 부모님의 죽음을 맞이하고 나서부터 자신의 죽음을 맞이할 때까지이다. 따라서 행복한 인생을 살고자 한다면 그 때마다 맞이할 인생을 준비하여야 한다. 다시 말해서 제1기에서는 성인의 삶을, 제2기에서는 결혼생활을, 제3기에서는 부모님의 죽음을, 제4기에서는 자신의 죽음을 준비하여야 한다. 그러려면 성인이 된다는 것이 무엇인지, 그리고 결혼을 한다는 것이 무엇인지, 또한 타인의 죽음은 어떻게 맞이하여야 하는지, 그리고 자신의 죽음은 어떻게 수용하여야 하는지에 대하여 알아야 할 것이다.

그러므로 행복, 인생의 구조에 이어 '인생의 여정'은 교육, 결혼, 부모님의 죽음, 자신의 죽음으로 나누어 이야기하고자 한다. 첫째, 교육이다. 성인(成人)이란 '이룰 성(成)', '사람 인(人)'이니 사람이 된다는 것이다. 따라서 성인이 되었다는 것은 사람이 되었다는 것이다. 이미 사람으로 태어났음에도 불구하고 어찌 다시 사람이 되어야 하는 것일까? 그것은 짐승은 태어나면서부터 짐승의 성품을 가지고 태어나기 때문에 짐승으로 태어남과 동시에 이미 짐승이 된 것이지만, 사람의 성품은 태어나면서부터 가지고 태어나는 것이 아니기에 사람으로 태어났다고 하여도 사람이 된 것은 아니다. 따라서 사람이 된다는 것은 사람의 성품인 인성(人性)을 갖추는 것이다. 따라서 성인이 되기 위해서는 인성을 갖추어야 하는데, 인성을 갖추기 위해서 배우는 것, 그것을 우리는 교육(敎育)이라 한다.

둘째 결혼(結婚)이다. 결혼이란 성인이 된 남자와 여자가 만나 가정을 꾸리는 것이다. 사람이라는 한자 인(人)을 보면 둘이 서로 의지하고 있는 형상인데, 즉 사람이란 둘이 서로 의지하며 살아야 비로소 완성된다는 뜻이다. 그런데 그 둘은 남자와 여자이니 결혼을 하여야 비로소 사람으로서 완성되는 것이다.

그런데 결혼이란 성인이 된 남자와 여자가 합쳐져 가정을 꾸리는 것이니, 그러려면 우선 성인인 남자와 여자가 무엇인지를 알아야 할 것이다. 그리고 또 성인인 남자와 여자가 합쳐진다는 것은 남자의 성인 남성과 여자의 성인 여성이 합쳐지는 것인데, 이렇게 성이 합쳐져 섞이는 것이 성교(性交)이다. 따라서 결혼을 하려면 성교가 무엇인지 알아야 하는데 그러려면 서로의 성의 차이를 이해하여야 한다. 그러므로 결혼을 앎에 있어서 반드시 알아야만 하는 것은 남성과 여성의 차이이다. 그리고 그것이 섞인다는 것이 어떤 것인지를 알아야 한다.

그리고 또 이렇게 성이 섞임에 의하여 아이가 탄생하게 되고 그러면 한 사람은 어머니가 되고 또 한 사람은 아버지가 되어 아이를 양육하게 된다. 따라서 결혼은 또한 양육의 의무도 가지게 되기에 양육에 있어서 어머니와 아버지의 역할이 무엇인지를 알아야 한다.

셋째, 부모님의 죽음이다. 사람은 보통 세 번 태어난다고 한다. 첫 번째는 어머니의 자궁 속에서 나올 때이고, 두 번째는 자식을 낳을 때이다. 그리고 또 세 번째는 부모님의 죽음을 맞이하였을 때라 한다. 이것은 첫 번째의 탄생은 육신의 탄생이요, 두 번째의 탄생은 성인의 탄생이요, 세 번째의 탄생은 독립된 존재로서의 탄생 즉 타인의 의지처가 될 수 있는 존재의 탄생을 의미한다. 그러니 부모님의 죽음으로 인하여 정신적으로 의지할 곳이 없는 상태에서 앞으로 남은 인생길은 홀로 걸어갈 수밖에 없게 된다. 따라서 부모님의 죽음을 맞이할 준비를 한다는 것은 타인의 죽음을 수용하는 방법에 대한 이해를 가지는 것이다. 따라서 그 다음으로는 타인의 죽음을 수용하는 것에 대한 이야기도 하고자 한다.

넷째는 자신의 죽음이다. 부모님의 죽음을 맞이하고 난 후에 이제 남은 인생의 여정은 자신의 죽음이다. 죽는다는 것은 이제까지 관계를 유지하던 이들과의 관계가 끊어지고, 그 무엇 하고도 관계를 맺은 적이 없는 미지의 세계로 가는 것이다. 따라서 죽음을 준비한다는 것은, 자신이 살았던 세계에 무엇을 남기고 무엇을 정리할 것인지를 살피고,

이제까지의 삶을 정리하면서 새로운 삶을 준비하는 것이다. 이처럼 인생의 여정은 부모님의 죽음을 맞이하고 나서 자신의 죽음을 맞이하는 것이 당연하지만, 이 책에서는 자신의 죽음을 먼저 다루고 타인의 죽음의 수용에 대하여 서술하고자 한다. 왜냐하면 죽음에 관한 이야기를 풀어감에 있어서는 죽음 그 전반적인 것을 건드린 후 타인의 죽음에 대한 이야기를 하는 것이 알맞은 순서이다. 그런데 자신의 죽음은 죽음 그 전반적인 것을 이야기할 때 같이 언급되어져야 할 부분이기 때문이다.

제1장
행복
(幸福)

1. 사전적 의미

인생에 대하여 설명하기에 앞서, 우선 행복에 대한 정의를 살펴보고
자 하는데, 그 이유는 인생에서 누구나가 추구하는 것이 행복임에도
불구하고, 행복이 무엇인지도 모르고 또한 그 개념조차도 모호하게 가
지고 있다면 결코 행복한 인생은 살 수 없을 것이기 때문이다. 그래서
인생에 대하여 그 개략적인 것들을 살펴보기에 앞서 우선 행복에 대한
정확한 정의를 살펴보고자 한다.

우리는 일반적으로 행복을 '생활에서 충분한 만족과 기쁨을 느끼어
흐뭇하거나 그러한 상태'라 정의한다. 그러므로 인생이 행복을 추구한
다는 것은 탄생에서 시작하여 성장, 결혼, 육아를 거쳐 죽음에 이르는
인생의 여정이 충분한 만족과 기쁨을 느끼는 흐뭇한 상태가 되기를 추
구한다는 것이다.

2. 영어의 어원

그러면 그러한 상태가 된다는 것은 과연 어떤 것일까? 그것을 알아보기 위해 행복이라는 단어의 어원을 살펴보겠다.

우선 영어의 어원부터 살펴보면, 행복은 영어로 'happy'라 번역하는데, happy는 명사 hap에 형용사 어미 −y가 붙으면서 짧은 모음 때문에 p가 겹쳐지면서 만들어진 단어이다. 그런데 명사 hap은 고대 스칸디나비아어 happ에서 생겨난 말이며, 북유럽 언어인 Old Norse에서 온 단어로 운(chance), 사건(occurrence) 등의 뜻을 가지고 있다. 따라서 이것의 형용사형인 happy의 원래 뜻은 '기회가 되어서 무엇인가가 오거나 일어나는 것(coming or happening by chance)' 또는 '좋은 운이나 행운을 가지는 것(having good hap or fortune)'인데, 어쨌든 happy의 뜻은 좋은 일이 생긴다는 것이다.

이러한 뜻을 가진 happy의 어원으로 인생이 행복하기를 추구한다는 것의 의미를 새겨보면, 탄생에서 죽음에 이르기까지 좋은 일만 있어서 충분한 만족과 기쁨을 누리는 흐뭇한 인생이 되기를 추구한다는 것이다.

그런데 몰디브 같은 휴양지에서 예쁘고 잘생긴 선남선녀들에 둘러싸여 맛있는 음식만 먹으며 자기가 좋아하는 사람들과 사이좋게 놀면서 아무런 근심과 걱정없이 지낼 수 있다면 그곳이 지상낙원이라는 것에는 아무도 이의를 제기하지 않을 것이다. 그런데 그런 생활이 매일같이 지속된다면, 과연 몰디브라는 휴양지가 좋은 곳으로, 그리고 예쁘고 잘생긴 선남선녀들이 아름답고 멋있게 지내는 곳으로, 맛있는 음식들이 진수성찬으로, 그리고 자기가 좋아하는 사람들이 좋은 사람들로만 느껴질 수 있을까? 그렇지 않을 것이다. 왜냐하면 나쁜 일이 없다면 좋은 일도 좋은 일로 느낄 수 없기 때문이다. 그런데 좋다고 느낄 수 없는 일이 과연 좋은 일이라 할 수 있을까? 그럼에도 불구하고 인생에 좋은 일만 있다는 것은 무엇을 의미하는 것일까?

3. 한자어의 뜻

　이러한 의문은 한자어 '행복(幸福)'의 어원이 풀어준다. 행복의 '행(幸)'이라는 글자는 차꼬의 상형문자인데, 차꼬란 옛날 중국에서 죄인을 잡으면 포박하는 도구이니, 행이란 죄인을 잡았다는 뜻이다. 죄인이란 사회의 질서를 어지럽히는 존재이며 사회의 질서가 어지럽혀지면 재앙이 찾아오는 것이니 죄인을 잡았다는 것은 닥쳐올 재앙을 사전에 막은 것이다. 그러므로 행이라는 글자에는 재앙을 막았다는 의미가 있다.

　그리고 '복(福)'이라는 글자는 '보일 시(示)'에 '찰 복(畐)'으로 구성되어 있는데, '示'는 제단에 음식이 놓여있는 모습을 그린 상형문자이고, 제단에 음식을 놓는 이유는 무엇인가를 기원하기 위한 것이니, 여기에는 무엇인가를 기원한다는 의미가 있다. 그리고 '畐'은 '한 일(一)', '입 구(口)', '밭 전(田)'으로 구성되어 있는데, '一'은 모두라는 뜻이고, 밭은 양식을 생산하는 곳이어서, '畐'은 모두의 입이 만족되어지도록 양식이 생산되어지는 밭을 의미하니, 곧 양식이 풍족한 상태를 의미한다. 거기에 '示'가 붙었으니 '福'이란 양식이 풍족한 상태를 기원하는 것인데, 다시 말해서 운이 좋아 양식이 풍족한 상태가 지속되는 것, 그것이 바로 '福'이다.

그러므로 행복이란 재앙을 막으니 운이 좋아 풍족함이 찾아온다는 의미이다. 그런데 여기서 주목하여야 할 것은 행복(幸福)이지 복행(福幸)이 아니라는 것이다. 다시 말해서 운이 좋아 풍족함이 찾아오니 재앙이 막아지는 것이 아니라, 재앙을 막으니 운이 좋아지고 풍족함이 찾아온다는 것이다. 즉 재앙이 오지 않으면 막을 재앙도 없으니 좋은 운도 없고 풍족함이 찾아올 일도 없다는 것이다. 재앙이 찾아오는 것, 그것은 나쁜 일이다. 그리고 운이 좋아 풍족해 지는 것은 좋은 일이다. 그러므로 나쁜 일이 찾아오지 않으면 좋은 일도 생길 리가 없다. 따라서 행복이란 나쁜 일이 찾아와도 그것을 피하거나 도망가지 않고 슬기롭게 맞서서 잘 극복하여 그것을 좋은 일로 만드는 것이다.

그러므로 인생이 행복하기를 추구한다는 것은, 탄생에서 죽음에 이르기까지의 인생의 여정에 찾아오는 모든 나쁜 일들을 잘 극복해서 그 나쁜 일들을 좋은 일로 만드니 항상 좋은 일만 가득하여 만족하고 기쁨을 느끼는 흐뭇한 상태의 인생의 되기를 추구하는 것이다. 따라서 행복한 인생이 되기 위해서는 안정적인 삶을 추구하는 인생이 아니라 실패를 두려워하지 않으며 자신이 이룬 것에 만족하지 않고 항상 도전하고 꿈을 이루기 위하여 고뇌하는 인생이 되어야 한다.

제2장

인생의 구조

(人生 構造)

그렇다면 인생은 어떤 모습을 하고 있을까?

그것은 마치 자동차 여행과 같다. 왜냐하면 자동차 여행에 있는

요소들을 그대로 가지고 있기 때문이다.

자동차 여행이란 자동차를 타고 하는 여행이다.

그런 여행에는 우선 자동차가 있다. 그리고 운전자가 있고, 여정이 있다.

그리고 그 여정을 달리며 만나는 환경이 있다.

인생도 이와 같다. 탄생하여 성장하고 아이 낳고 키우다가

죽는 여정이 있고, 그 여정을 사는 주체가 있고, 그 주체가 타고 있는

세상이 있다. 그리고 그 여정을 살면서 만나는 환경이 있다.

그렇다면 과연 이런 것들은 어떤 모습을 하고 있을까?

1. 인생을 사는 주체

우선 인생을 사는 주체가 무엇인지부터 살펴보겠다.

인생이란 태어나서 죽음에 이르는 여정이다. 그리고 이 여정을 사는 것은 나다. 따라서 인생을 사는 주체는 말할 필요도 없이 나다. 그러면 나란 무엇일까?

산다는 것, 그것은 생물이 하는 행위이며, 생물이란 마음이 깃든 물질인 몸을 가진 존재로, 산다는 것은 그 몸을 가지고 신진대사를 하고 성장하고 자극에 반응하고 자가 치유능력을 가지고 종족번식을 하는 것이다. 간단히 말해서 몸이 탄생하고 성장하여 종족을 번식하고 죽음을 맞이하는 것이다. 그러므로 내가 산다는 것은 나의 마음이 깃든 물질인 나의 몸이 탄생하고 성장하여 후손을 남긴 후에 죽음을 맞이하는 것이다. 이렇게 보면 사는 것은 나의 몸이니 나란 나의 몸이 된다.

그런데 몸이란 물질이다. 그리고 무생물에게도 물질은 있다. 그럼에도 불구하고 무생물은 성장하지 않고 종족번식을 하지도 않으며 죽지도 않는다. 그 이유는 무생물의 물질에는 마음이 깃들어 있지 않기 때문이다. 그러므로 몸은 껍질일 뿐 실제로 사는 것은 마음이다. 이렇게 보면 나란 나의 마음이 된다.

　그런데 실제로 사는 것은 몸이다. 다시 말해서 마음만으로는 살 수 없다. 이렇게 보면 삶의 주체를 마음이라고도 할 수 없다. 구태여 말하자면 마음이 깃들어진 몸이다. 그렇다면 마음이 깃들어진 몸이란 무엇일까? 그것은 짓이다. 즉 행위이다.

　그러면 행위란 무엇일까? 환경에서 유발되는 자극에 대하여 반응하는 생물의 행동이다. 그러므로 행위가 이루어지려면 환경에서 유발되는 자극이 있어야 하고, 생물이 그 자극을 받아들여야 하고 그런 후 생물이 행동하여야 한다.

　환경에서 자극이 유발된다는 것은 물질이 가지고 있는 정보가 생물에게 전달된다는 것인데, 다시 말해서 물질정보 즉 모양과 색깔 · 소리 · 맛 · 냄새 · 느낌이 생물이 가진 감각기관인　눈 · 귀 · 코 · 혀 · 피부로 전달되는 것을 말한다.

　그런데 물질정보가 감각기관으로 전달되었다고 하여 생물이 물질정보를 인식하는 것은 아니다. 다른 생각을 하고 있으면 수업시간에 선생님의 목소리가 안 들리고, 또 텔레비전을 켜 놓고도 그것이 안 보이듯, 아무리 물질정보가 감각기관에 전달되어도, 마음이 다른 곳에 있으면 그것은 인식되지 않는다. 그러므로 인식주체는 인식기관이 아니라 마음이다.

　이렇게 인식기관이 물질정보를 받아들여 그것을 마음이 인식하면 가장 먼저 생겨나는 것은 생각이다. 그리고 그 생각을 표현하기 위해서 말하고 행동한다. 그러므로 마음이 깃들어진 몸이 하는 행위는 바로 생각과 말과 행동이다.

이렇게 보면 인생을 사는 주체는 생각과 말과 행동이다. 그러므로 나는 생각과 말과 행동이다. 그런데 이렇게 복잡하게 설명하지 않아도 인생을 사는 주체가 나의 생각과 말과 행동이라는 것은 우리의 삶을 들여다보면 누구나 알 수 있는 상식이다.

미남이나 미녀를 보면 누구나 호감을 느낀다. 그런데 그 사람의 생각과 말과 행동이 천박하고 조잡하여 불쾌감을 준다면 그 호감이 지속될 수 있을까? 또 마음이 착한 남자나 여자를 만나면 누구나 호감을 느낀다. 그런데 그 사람의 생각과 말과 행동이 어리숙하고 답답하다면 이 또한 그 호감이 지속될 수 있을까?

이렇게 우리가 진짜 만나는 것은 상대의 몸과 마음이 아니라 생각과 말과 행동이다. 그렇기에 우리가 사랑하는 것도 그 사람의 생김새나 마음씨가 아니라, 그 사람의 생각과 말과 행동이다. 또 우리가 증오하는 것도 그 사람의 생김새나 마음씨가 아니라 그 사람의 생각과 말과 행동이다. 그리고 우리가 이해하는 것도 또 오해하는 것도 그 사람의 생김새나 마음씨가 아니라 그 사람의 생각과 말과 행동이다.

다른 사람들 역시 나의 몸과 마음을 만나는 것이 아니라 나의 생각과 말과 행동을 만난다. 그래서 내 생각과 말과 행동이 남에게 사랑도 미움도 이해도 오해도 받는 것이니, 세상을 사는 것은 내 몸도 내 마음도 아니고 내 생각과 말과 행동이다.

그러므로 이 세상을 사는 주체가 나의 생각과 말과 행동이라는 결론이 나온다.

2. 환경

　따라서 태어나서 성장하고 결혼하여 아이 낳고 키우다가 죽음을 맞
이하는 여정을 사는 것은 나의 생각과 말과 행동이다.
그런데 생각은 자신이 놓여 있는 상황 즉 환경 속에 있는 물질정보를
감각기관을 통하여 마음이 인식하면 그 상황을 판단하기 위하여 생겨
나는 것이다. 그러므로 생각이란 자신이 처한 상황을 받아들이고 판단
한 최종의 결과물이다. 그렇기에 실제로 자신이 경험하는 상황은 생각
속에 있는 상황이지 감각기관에 전달되기 전의 실제상황은 아니다. 따
라서 내가 경험하고 있는 상황은 실제상황과는 다를 수도 있다. 하지
만 내가 경험할 수 있는 것은 내 생각이 만들어 낸 상황뿐이니 나는 실
제상황을 정확하게는 알 수 없다.

　그렇다면 실제상황은 무엇이고 그것을 내 생각이 왜곡하여 실제로
내가 경험하는 상황은 무엇일까?

　내 감각기관이 받아들이는 모든 물질정보가 존재하는 시간은 지금
이고 공간은 여기이다. 설사 꿈이라 하더라도 내 감각기관이 받아들이
는 그 상황의 모든 정보의 시간은 지금이고 공간은 여기일 수밖에 없

고, 죽어서 사후세계에 있다하더라도 내 감각기관이 받아들이는 정보의 시간은 지금이고 공간은 여기일 수밖에 없다. 그렇기에 어떤 상황이라 하더라도 내 감각기관이 받아들이는 정보의 시간은 지금이고 공간은 여기일 수밖에 없다는 것은 그 누구도 부정할 수 없는 엄연한 사실이다.

그러므로 내가 처한 실제상황의 시간은 항상 지금이고 공간은 항상 여기인데, 그러면 실제상황 속에 있는 지금과 여기는 어떤 것이며, 그것을 왜곡한 내 생각이 만들어 나에게 경험시킨 지금과 여기는 어떤 것일까?

1) 실제상황 속의 지금과 생각 속의 지금

'지금'이란 시간이다. 시간하면 가장 먼저 연상되는 물건은 시계다. 그런데 시계만 시간을 측정하는 장치는 아니다. 어린아이가 몇 년 후 훌쩍 커 있는 것을 보면 정확히 수치로 나타낼 수는 없지만 시간이 지났음을 알 수 있다. 그리고 방도 시계가 될 수 있다. 방을 비우고 오랫동안 여행을 갔다 와 먼지가 쌓여 있는 것을 보면 시간이 지났음을 알 수 있기 때문이다. 즉 변화되어진 것을 보면 시간이 지났음을 알 수 있는 것이다. 그러므로 시계란 변화를 수치로 나타내는 장치라고 할 수 있다.

그런데 변화하는 시간을 우리는 정지로 경험한다. 예를 들어 지금이 3시 20분 33초라고 가정하여 보자. 그런데 그렇게 말하는 순간 시간은 흘러서 이미 그 시간이 아니다. 그러므로 시간을 정확히 수치로 나타낸다는 것은 불가능한 일이다. 하지만 우리는 시간을 수치로 나타내

사용하고 있다. 그리고 그러는 것에 어떤 불편함도 느끼지 못한다. 우리가 시간을 수치로 나타낼 수 있는 것은 찰나 찰나를 정지로 간주하였기 때문이고, 그것이 전혀 불편하지 않은 이유는 우리는 시간을 변화가 아닌 정지로 경험하고 있기 때문이다. 이렇게 실제상황과 생각이 받아들인 상황은 전혀 다르다.

또 시간에는 세 가지 종류가 있다. 과거, 현재, 미래인데, 과거란 변화가 완료되어진 시간이며, 현재란 변화하고 있는 시간이고, 미래란 아직 변화하지 않은 시간이다.

서울에서 부산을 향해 출발하였다면 서울은 과거고 부산은 미래이다. 이렇게 우리가 경험하는 시간은 과거에서 미래로 흘러간다. 그런데 이것이 사실이라면 변화가 완료된 것이 변화해서 아직 변화를 하지 않은 것이 된다는 것인데, 과연 이것이 도대체 말이 되는 소리인가? 변화를 하고 있다는 것은 아직 변화가 완료되지 않았다는 증거인데 어떻게 변화가 완료된 것이 변화를 할 수 있단 말인가? 그리고 또 변화를 하고 있다는 것은 변화가 완료된 상태가 되어가고 있다는 것인데, 어떻게 아직 변화하지 않은 것이 될 수 있단 말인가?

정확히 말하자면 아직 변화하지 않은 것이 변화해서 변화가 완료되어지는 것이다. 이것이 분명히 정상적인 상태이다. 그러므로 시간은 과거에서 미래로 흘러가는 것이 아니라 분명히 미래에서 과거로 흘러가는 것이고 이것은 부정할 수 없는 엄연한 사실이다. 사실이 이와 같음에도 불구하고 우리는 누군가를 내일 만나지 어제 만나자고 약속하지는 않는다. 다시 말해서 실제 시간의 시작점은 미래에 있음에도 불구하고 우리가 경험하고 생활하는 시간의 시작점은 과거에 있어야만

한다. 이렇게 실제상황과 생각이 받아들인 상황은 전혀 다르다.

또 우리는 과거는 변화가 완료되어서 이미 지나간 것이고, 미래는 변화하지 않아서 아직 오지 않은 것으로 경험한다. 그런데 내 주머니 속에 동전이 없다면 꺼낼 수 없는 것처럼 과거가 이미 지나간 것이어서 지금 속에 없는 것이라면 회상할 수 없어야 하고, 미래가 아직 오지 않은 것이어서 지금 속에 없는 것이라면 예측할 수 없어야 한다. 그런데 우리는 과거를 회상하고 미래를 예측한다. 이것은 곧 과거는 변화가 완료되어진 채로 지금 속에 존재하며, 미래는 아직 변화하지 않은 채로 지금 속에 존재한다는 것을 의미한다. 이것이 실제상황이다. 그런데 우리의 생각이 받아들인 상황은 과거는 이미 지나갔고 미래는 아직 오지 않았기에 지금 속에는 없는 시간이라고 생각한다. 이렇게 생각은 실제상황을 왜곡한다.

그런데 과거를 회상하면 그것은 과거가 아니라 현재다. 다시 말해서 과거를 회상하면 변화가 일어나 과거에 좋았던 일도 안 좋은 일이 되기도 하고 나빴던 일도 추억이 되기도 한다. 그러므로 과거란 회상되지 않은 채로 현재 속에 존재한다. 미래 역시 마찬가지이다. 예측되면 그것은 미래가 아니라 현재다. 그러나 미래 역시 예측되지 않은 채로 현재 속에 존재한다. 그렇기에 기억이나 예측은 과거와 미래를 현재 속에 끄집어내는 도구일 뿐이다. 그럼에도 불구하고 우리는 기억은 과거로, 예측은 미래인 것으로 착각한다. 이렇게 생각은 실제를 왜곡한다.

이렇게 왜곡된 생각이 우리의 삶에도 많은 영향을 준다. 실제로 존재하는 '지금'은 변화인데 우리가 경험하는 '지금'은 정지이다. 그러다

보니 변화와 도전을 두려워하고 현상유지에 급급해 한다. 여기에서 저기로 가려면 여기를 버려야 갈 수 있는데 우리는 될 수 있는 한 여기를 유지한 채로 저기로 가려고 한다. 또 시간은 미래에서 과거로 흘러가는 것이기에 무엇보다 중요한 것은 미래인데 우리는 과거에 집착한다. 우리에게 영향을 미친 것은 과거이고 앞으로 영향을 미칠 것은 미래인데 과거에 집착해 더 이상 앞으로 나아가지를 못한다.

또 지금은 과거와 미래가 모두 포함되어진 것인데 과거와 현재와 미래가 각각 따로 존재하는 것으로 인식한다. 그러다 보니 과거만을 살아가는 사람이 있고 현재만을 사는 사람이 있고 미래만을 사는 사람이 있다. 과거만을 사는 사람은 과거에 있었던 일에 집착하여 더 이상 나아가지 못하거나 나아가려고 하지 않는다. 그리고 현재만을 살아가는 사람은 발등에 붙은 불을 끄는 것에만 매달려 전전긍긍하면서 살아간다. 그리고 미래만을 살아가는 사람은 목표를 이루기 위해 기를 쓰다가, 그것을 이루기 직전에 또는 그것을 이루고 나자마자 죽어버리기라도 하면 한이 맺혀 눈도 감지 못한다.

현재 속에 과거가 있는 이유는 과거는 현재 나의 모습을 가르쳐 주기 때문이고, 현재 속에 미래가 있는 이유는 미래는 내가 나아가야 할 방향을 가리켜 주기 때문이다. 그렇기에 기억이라는 도구를 사용하여 현재 나의 모습과 내가 있는 위치를 정확하게 파악하고, 예측이라는 도구를 사용하여 현재 내가 무엇을 하여야 할지를 정확하게 파악하며 '지금'을 살아야 할 것이다.

2) 실제상황 속의 여기와 생각 속의 여기

'여기'란 공간이다. 시간에도 과거 현재 미래인 세 가지가 있듯이, 공간에도 세 가지가 있다. 여기, 거기, 저기다. 여기란 내가 중심이 되어 너와 관계를 맺은 공간이고, 거기는 네가 중심이 되어 나하고 관계를 맺은 공간이며, 저기는 우리가 중심이 되어 제삼자와 관계를 맺은 공간이다. 그러므로 공간이란 관계다.

그런데 실제로 내가 경험할 수 있는 공간은 여기뿐이다. 그리고 거기와 저기는 여기라는 공간의 경험을 근거로 추측하는 공간이다. 그럼에도 불구하고 내 생각 속에서는 저기와 거기도 경험한 것으로 착각한다. 따라서 실제로 자신이 알 수 있는 세계는 자신의 생각 속의 세계임에도 불구하고 내 생각은 다른 사람의 세계까지도 이해할 수 있다고 착각한다. 그래서 다른 사람이 자신의 마음을 헤아려주지 못하면 섭섭해 하기도 하고, 자신 또한 남의 마음을 헤아릴 수 있다고 생각해서 남의 마음을 헤아리기 위하여 남의 눈치를 보며 전전긍긍한다. 실제하는 여기와 생각속의 여기는 이렇게 다르다.

여기란 '내'가 중심이 되어서 '너'와 만나는 공간이다. 그런데 '내'가 만나는 '너'는 수시로 바뀐다. 그렇다면 '나' 역시 수시로 바뀌어야 한다. 예를 들어 슈퍼마켓을 갔다고 하자. 점원이 누구냐고 물어온다면 무엇이라 대답할까? 물건을 사러 왔다든가 손님이라고 할 것이다. 집에 들어가는데 아버지가 누구냐고 물어오면 아무개라고 대답할 것이다. 그런데 아버지가 누구냐고 재차 물으면 이번에는 분명히 아들 또는 딸이라고 대답할 것이다. 그리고 아내가 물어오면 남편이라 할 것이고 아이들이 물어오면 아버지라 할 것이다. 이렇게 물어오는 사람에 따라 나는 바뀐다. 즉 점원 앞에서는 손님인 내가 점원인 너와, 아버지 앞에서는 아들인 내가 아버지인 너와, 아내 앞에서는 남편인 내가 아내인 너와, 아이들 앞에서는 아버지인 내가 자식인 너와 관계를 맺고 있는 공간이 바로 여기다.

따라서 여기라는 공간에서는 내가 남편이라면 내가 만나고 있어야 할 너는 아내이어야 하고, 내가 부모라면 내가 만나고 있어야 하는 너는 자식이어야 하고, 내가 자식이라면 내가 만나고 있어야 할 너는 부모이어야 한다. 그리고 내가 손님이라면 내가 만나고 있어야 할 너는 주인이어야 하고, 내가 친구라면 내가 만나고 있어야 할 너는 친구이어야 하고, 내가 선배라면 내가 만나고 있어야 할 너는 후배이어야 하고, 내가 후배라면 내가 만나고 있어야 할 너는 선배이어야 한다. 그리고 내가 국민이라면 너는 국가이어야 한다. 이것이 여기라는 공간이다.

즉 여기에서의 나는 너에 의하여 결정되어진다. 그런데 생각에서는 언제 어디에서나 불리는 이름처럼 불변의 내가 있고, 그런 내가 모든 사람들을 만나고 살아가고 있는 줄 안다. 그런데 그 이름은 남편이 되기도 하고 아들이 되기도 하고 아버지가 되기도 하고 친구가 되기도 하는 등 나를 편리하게 표현하기 위하여 가상으로 만든 존재이지 실재하는 것은 아니다. 그런데 생각으로는 그것이 실재하는 것으로 착각한다. 이렇게 실제상황과 생각 속의 상황은 아주 다르다.

그러다 보니 내가 부탁한 세탁물을 잘못 세탁한 세탁소 주인에게 항의하면, 자기도 나이를 먹을 만큼 먹었고 큰 아이들도 있는데 너무 심하게 말하는 것이 아니냐며 도리어 화를 낸다. 나는 정당한 댓가를 치르고 의뢰한 사항을 제대로 처리하지 못한 세탁소 주인에게 항의한 것이고, 그것이 받아들여지지 않아 심하게 말이 나온 것이지, 누군가의 남편이나 누군가의 아들이나 누군가의 아버지에게 심하게 말한 것이 아니다. 그런데도 세탁소 주인은 세탁소 주인이 욕을 먹는 것이 아니라 누군가의 아버지가 남편이 욕을 먹는다고 생각한다.

은행에서 부당한 대우를 받아서 항의를 하니 그곳 점원은 왜 은행이 잘못한 것을 자기한테 그러냐며 도리어 언짢아한다. 그런데 내가 왜 이름도 모르는 어여쁜 아가씨에게 화를 내겠는가? 그녀가 은행원으로서 창구에 앉아있는 한 그녀는 은행이다. 그래서 나는 은행에게 항의한 것이다.

또 시어머니는 내 남편의 어머니가 아니라 내 시어머니이어야 하고, 며느리는 나의 부인이 아니라 어머니의 며느리이어야 한다. 그러므로 어머니가 며느리 욕하는 것은 내 부인을 욕하는 것이 아니라 어머니가 당신의 며느리를 욕하는 것이다. 그리고 내 아내가 시어머니를 흉보는 것은 내 어머니를 흉보는 것이 아니라 자신의 시어머니를 흉보는 것이다. 그런데 어머니가 며느리를 욕하면 내 아내를 욕하는 것 같아서 좌불안석이다. 그리고 아내가 시어머니 흉을 보면 내 어머니를 흉보는 것 같아서 마음이 언짢다. 이것은 내가 경험하는 여기는 내가 중심이 되어서 너와 관계를 맺고 있는 공간인데 생각으로는 불변의 내가 너와 관계를 맺고 있는 공간이라고 착각하기 때문이다.

3. 생각이 실제상황을 왜곡하는 이유

　그렇다면 생각은 왜 이렇게 실제상황을 왜곡하는 것일까? 생각이 일어나는 경로를 한번 추적하여 보자. 우선 처해진 상황을 눈이 보고, 귀가 듣고, 혀가 맛보고, 코가 냄새 맡고, 피부가 느끼면 그 정보는 마음으로 전달된다. 그렇게 해서 전달되어진 정보를 마음이 인식하면 비로소 생각이라는 것이 생겨난다. 그러면 왜 생각이라는 것이 일어나는 것일까? 그것은 그 상황을 판단하기 위해서다. 그렇다면 상황을 판단하려면 어떻게 하여야 할까? 분별하여야 한다. 다시 말해서 그 상황을 나누어 그룹으로 묶어야 한다. 그러기 위해서는 우선 구분부터 해야 한다.

　구분하기 위해서는 변화하고 있는 것을 정지로 인식하여야 한다. 그리고 연결되어 있는 것을 단절로 인식하여야 한다. 그런데 지금이란 변화이고 여기란 관계이다. 다시 말해서 실제상황은 변화이고 관계인데, 그 상황을 마음이 인식하여 판단하려면 생각을 일으켜야 하고, 그러면 그 상황을 정지와 단절로 왜곡해서 인식하지 않으면 생각이라는 것을 떠올릴 수 없다. 그러므로 실제상황이 왜곡되는 것은 어쩔 수 없다.

　예를 들어 하늘을 생각해 보자. 실제의 하늘은 지금까지 한 번도 같은 모습을 한 적이 없다. 그런데 그것을 하늘이라고 표현하려면 변하지 않는 것으로 간주하여야 한다. 그리고 하늘은 하늘이 아닌 것과 떨어져서 존재해 본 적이 없다. 그런데 하늘이라고 표현하려면 하늘이 아닌 것과 떨어져 있다고 간주하여야 한다. 이렇게 해야 감각기관이 받아들여 마음에 인식된 하늘을 판단하기 위하여 생각을 떠올릴 수 있는 것이다. 그러므로 실제상황을 왜곡하는 것은 어쩔 수 없는 생명활동이다.

4. 인생의 구조

　정리하면 인생은, 실제상황인 지금과 여기를 왜곡하여 경험하는 생각이, 스스로 만든 왜곡된 생각 속의 지금과 여기를 받아들여, 왜곡된 자신의 생각을 관철시키고자 그 생각을 말과 행동으로 실제상황인 지금과 여기에 출력하면서, 태어나 성장하고 결혼하여 아이 낳고 키우다가 죽어가는 과정이라 할 수 있다.

　영화관에 갔다고 해보자. 거기에는 영화의 세계가 있고 현실세계가 있는데, 영화의 세계는 현실세계에 있는 영사기와 스크린이 필름이라는 정보를 받아들여 재생하면서 생겨나는 허상의 세계인 것처럼, 인생 속의 삶이라는 것도 실제상황 속에 있는 몸과 마음이 지금과 여기에 있는 정보를 받아들여 인식하면서 그 정보가 판단되어 생각이 만들어지면서 생겨나는 허상의 세계이다.

　그런데 단지 다른 점이 있다면, 영화관에서는 내가 현실세계에 있으면서 허상의 세계인 영화를 보지만, 인생 속의 삶에서는 인생을 사는 주체인 생각, 즉 내가 내 생각이 만든 허상의 세계에 있으면서 실제상황을 보고 있다는 사실이다. 또 다른 점은 영화관에서는 현실세계의 내가 내 생각을 구현하기 위하여 허상의 세계인 영화의 세계로 내 생각을 출력할 수 없지만, 인생의 삶에서는 허상의 세계에 있는 내가 내 생각을 실현시키기 위하여 실제세계로 말과 행동으로 출력할 수 있다는 사실이다.

　그런데 실제상황의 세계와 생각이 만든 세계는 차이가 있을 수밖에 없고, 게다가 나는 실제상황의 세계는 알 수 없고, 내가 오로지 알 수 있는 세계는 내 생각이 왜곡시킨 실제상황뿐이다. 나는 그것을 실제상황으로 판단해서 자신의 생각을 실현시키고자 말과 행동으로 출력한다. 그러면 그 차이로 인하여 실제상황에서는 심하게 파동이 일어난다. 그 파동은 우리 인생에 여러 가지 재앙을 만들어 낸다. 이 재앙은 우리 인생에 슬픔·괴로움·어리석음·증오 등을 만들어 낸다. 이 재앙을 극복하면 슬픔은 기쁨으로 괴로움은 즐거움으로 어리석음은 현명함으로 증오는 사랑으로 바뀌며 행복이 찾아온다.

　이와 같은 내용을 간단히 정리해보면, 인생을 사는 주인공은 내 생각이다. 그리고 내 생각은 실제상황을 왜곡해서 판단한다. 그리고 그 왜곡된 판단을 말과 행동으로 실제상황에 출력한다. 그러면 그 차이로 인하여 여러 가지 예기치 못한 사건들이 발생한다. 그 사건들을 겪으며 태어나 성장하여 어른이 되고 결혼하여 아이 낳고 키우다가 죽어가는 것이다. 이것이 인생의 구조이다.

5. 건강한 인생

　따라서 건강한 인생을 살려면 이러한 사실들을 바르게 알아야한다. 다시 말해서 인생을 살아가는 주체는 생각이며, 그 생각이 살고 있는 세계는 그 생각이 만든 세상이라는 것, 그리고 그 세상은 실제상황과는 전혀 다른 것일 수도 있다는 것, 그렇기에 어떤 상황으로 인하여 생겨난 나의 감정은 내 생각이 왜곡하여 받아들인 상황 때문에 생겨나는 것일 수도 있다는 사실을 알아야 한다.

　그런데 내가 알 수 있는 것은 실제상황이 아니라 내 생각이 왜곡해서 받아들인 상황뿐이어서, 실제상황에 말과 행동으로 출력하는 내 생각은 파동을 일으키고 그 파동은 나를 여러 가지 어려운 상황이나 즐거운 상황으로 끌고 갈 수 있다는 것이다.

　그렇기에 실제상황을 왜곡해서 받아들인 내 생각, 그리고 그것으로 인하여 생겨난 내 감정에 충실하여야 한다. 이것이 바로 건강한 생각이다. 그리고 그 생각은 분명히 실제상황을 왜곡한 생각이기에 그것이 출력되면 파동이 생길 수 있다는 것을 알고, 그 생각을 구현하기 위하여 출력하는 말과 행동은 절도가 있어야 한다는 것이다. 이것이 바로 건강한 말과 행동이다. 다시 말해서 생각은 예의를 갖출 필요 없이 자유로워야 건강한 것이고, 그 생각을 출력하는 말과 행동은 그 상황에

맞게 예의를 갖추어 출력하여야 건강한 말과 행동이 되는 것이다.

　이렇게 생각과 말과 행동이 건강해지면 비로소 생활이 건강해진다. 그 건강한 생활을 유지하다보면 그러한 생활은 습관이 되고, 그러면 건강한 인생을 살게 되는 것이다. 하지만 인생이 아프면 생각을 누르게 되고 그러다보면 말과 행동에 절도가 없어진다. 그러면 생활이 병들고, 병이 든 생활은 습관이 되고, 그러면 인생이 아프게 되는 것이다.

　그런데 생각은 본래 누를 수 없다. 왜냐하면 생각을 누르려면 생각을 자신의 의지대로 조절할 수 있어야 하는데, 생각이라는 것은 몸이 지금과 여기 상황의 정보를 받아 들여 마음이 인식하면 그것을 판단하기 위하여 저절로 생겨나는 것이어서, 생각을 자신의 의지대로 조절하려면 지금과 여기의 정보를 자신의 의지대로 조절할 수 있든가, 아니면 마음을 자신의 의지대로 움직일 수 있어야 하는데 이것은 불가능하기 때문이다. 다시 말해서 지금과 여기의 상황을 자신의 의지대로 조절할 수 없는 것은 당연한 것이고, 마음 역시 순간적으로 자신의 의지에 따라 움직일 수는 있으나 지속적으로는 불가능하다. 그러므로 생각을 의지대로 조절할 수 없으니 당연히 생각을 누르는 것은 위험하다.
　그럼에도 불구하고 아픈 인생은 생각을 누른다. 그러기 위하여 지금과 여기라는 상황을 왜곡한다. 지금과 여기의 상황을 판단하기 위해서 생각이 그것을 왜곡해야 하는 것은 당연하나, 병든 인생이 왜곡하는 것은 그것과 다르다. 자신에게 부정적으로 경험되어지는 상황을 긍정적으로, 슬프게 경험되어지는 상황, 두렵게 경험되어지는 상황, 의심이 나는 상황을 그렇지 않은 것으로 왜곡시킨다. 즉 자신의 경험을 속이는 것이다. 그렇게 해서 생각을 누른다. 그리고 그렇게 하는 이유는 편안하게 살기 위해서이고, 또 그런 삶을 추구하는 이유는 편안한 것을 행복으로 착각하기 때문이다.

따라서 건강한 인생을 살고자 한다면 생각은 누르지 말고 말과 행동에는 절제가 있어야 한다. 그런데 이런 상식을 아는 것만으로 건강하고 행복한 인생을 살 수 있는 것은 아니다. 왜냐하면 이것은 행복한 인생을 살기 위하여 가장 기본적으로 알아야 할 것에 불과하기 때문이다. 이제 이것을 알았다면 다음으로는 어른이 된다는 것, 결혼을 한다는 것, 타인의 죽음을 맞이한다는 것, 자신의 죽음을 맞이한다는 것이 무엇인지, 인생의 여정에 대한 바른 지식이 있어야 한다. 그렇기에 이제부터 건강한 인생이 살아가는 인생의 여정에 대하여 이야기하도록 하겠다.

제3장
교육
(教育)

우리는 만 20세가 되면 성인식을 치른다. 이것은 성인이 되었음을

기념하는 의식인데, 성인이란 '이룰 성(成)', '사람 인(人)', 즉 사람이 되었다는 말이니,

성인식이란 사람이 되었음을 기념하는 의식이다. 이것은 곧 사람은 사람의

모습을 가지고 태어났다고 해서 사람이라고 할 수 있는 것은 아니라는 말이다.

개는 개로 태어났으면 태어나면서부터 개이고, 돼지는 돼지로 태어났으면

태어나면서부터 돼지이며, 원숭이는 원숭이로 태어났으면 태어나면서부터

원숭이다. 그래서 이런 짐승들은 아무리 사람이 데리고 사람같이 키워도

개, 돼지, 원숭이다. 그런데 사람은 아무리 사람으로 태어났어도 늑대가 키우면

늑대가 되고, 고릴라가 키우면 고릴라가 된다.

왜 그런 것일까? 그것은 짐승들은 태어나면서부터 짐승의 성품을 가지고

태어나지만, 사람은 태어나면서부터 사람의 성품(인성)을 가지고

태어나지 않기 때문이다. 그래서 아무리 사람의 모습을 하고 있어도 인성(人性)을

갖추지 못하면 사람이 아니라 사람의 모습을 한 짐승에 불과하다.

따라서 사람으로 태어났어도 사람이 되려면 사람이 키우면서 인성을 심어주어야

한다. 그것이 교육(敎育)이다. 다시 말해서, 사람의 모습을 하고 태어난 자에게

인성을 심어 주어 사람으로 만들어가는 것, 이것이 바로 교육인 것이다.

따라서 제대로 된 인성교육을 받지 못하면 사람으로서의 삶을 살아갈 수 없게 된다.

1. 인성(人性)

　그러면 인성이란 무엇인가? 사람의 본래 바탕이다. 즉 사람만이 갖고 있는 고유의 특성이다. 그렇다면 과연 사람의 고유한 특성은 무엇일까?

　먼저 이 세상에 존재하는 모든 물질을 분류하여 보면 생물과 무생물로 나뉜다. 생물이란 생명을 가지고 스스로 생명현상을 유지해 나가는 물체로서 영양·운동·생장·증식을 하는 존재이며, 무생물이란 생명을 가지지 않은 물건으로 세포로 이루어지지 않은 돌·물·흙 따위를 말한다. 이러한 기준에 의하면 사람은 생물이 가지고 있는 특성을 가지고 있으므로 생물이다.

　그리고 또 생물은 동물과 식물과 미생물로 나뉘는데, 동물이란 생물계의 두 갈래의 하나로 주로 유기물을 영양분으로 섭취하며, 운동·감각·신경 따위의 기능이 발달하였고, 소화·배설·호흡·순환·생식 따위의 기관이 분화되어 있는 생물이다. 그리고 식물이란 생물계의 두 갈래의 하나로 대체로 이동력이 없고 체제가 비교적 간단하여 신경과 감각이 없고 셀룰로오스를 포함한 세포벽과 세포막이 있는데, 세균식물이나 균류를 제외하고는 일반적으로 엽록소를 가지고 있어 광합성으로 영양을 보충하고 꽃과 홀씨주머니 따위의 생식 기관을 가진 생물이다. 그리고 미생물이란 동물에 포함될 수도 있겠으나 생물에 대한 보다 세밀한 구분을 하기 위하여 구분하는 생물로, 눈으로는 볼 수 없는 아주 작은 생물이며 보통 세균·효모·원생동물 따위를 이르는데, 바이러스를 포함하는 경우도 있다. 이러한 기준에 의하면 사람은 생물 중에서도 동물이 가지고 있는 특성을 가지고 있으므로 동물이다.

또한 또 동물은 사람과 짐승으로 구분된다. 그리고 짐승은 길짐승·날짐승·물짐승으로 구분되는데, 길짐승은 기어다니는 짐승이고, 날짐승은 날아다니는 짐승이며, 물짐승은 물에서 사는 짐승이다. 그런데 사람은 날아다니지도 물에서 살지도 기어다니지도 않고 직립보행을 한다.

이러한 기준으로 보았을 때, 동물이라는 생명체로서 날아다니지 않고 물에서 살지 않으며 기어다니지도 않고 직립보행을 하는 것, 이것이 사람만이 가진 고유의 특성이 되는데, 그렇다면 과연 이것이 인성일까? 이것을 인성이라고 규정짓기에는 무엇인가 석연치 않은 부분이 있다. 왜냐하면 사람이 포함되는 동물이라는 카테고리 속에는 현재 알려진 동물의 종만 하더라도 100만~120만 종이나 되고, 이 모든 종이 다른 종과 구분되어지는 자신만의 고유의 특징을 가지고 있기 때문이다. 다시 말해서 앞의 기준으로 살펴본 것은 사람만이 가진 고유의 특성이라는 것, 또한 이렇게 많은 종들이 다른 종과 구분되는 자신만의 독특한 특징에 불과한 것으로, 이러한 특성은 사람이란 종으로 태어나면 저절로 갖추어지는 것임에 반하여, 앞에서 말했다시피 인성이란 교육을 통하여 후천적으로 완성되는 것이기 때문이다.

그러면 도대체 인성이란 무엇일까? 사람은 동물이다. 그런데 그 카테고리 속에는 사람만 속한 것이 아니라 짐승도 있다. 그러니 날아다니지도 물에 살지도 기어다니지도 않고 직립 보행하는 사람과 짐승의 다른 종과 구분되어지는 결정적인 차이 외에, 교육에 의하여 후천적으로 완성되어지는 짐승과 확연히 구분되어지는 사람만의 특성이 있다. 그것을 인성이라 보아야 할 것이다.

　　그러면 짐승과 확연히 구분되는 특성으로는 무엇이 있을까? 우선 생각을 한다든지, 도구를 사용한다든지, 언어를 사용한다든지 등을 생각해 볼 수 있을 것이다. 그러나 이런 것들을 한 마디로 일축할 수 있는 결정적인 차이는, 무엇보다도 환경에 사육당하지 않고 환경을 산다고 할 수 있을 것이다. 왜냐하면 짐승들은 어떤 종이라 하더라도 최선을 다해 환경에 순응하며 살고자 한다. 그래서 그 환경에 적응하기 위하여 자신을 변화시킨다. 즉 진화(進化)를 하는 것이다. 그리고 진화를 하지 못하거나 진화를 하였어도 환경에 적응할 수 없게 된 종은 멸종이라는 결과를 겸허히 받아들인다.

　　하지만 사람은 환경에 순응하고자 하는 의지 따위는 없다. 그래서 자신이 살 수 없는 환경이라면 자신이 살 수 있는 환경으로 바꾼다. 그렇기에 환경에 적응하기 위하여 자신을 변화시키는 짓 따위는 하지 않는다. 그 대신 자신에게 주어진 환경을 활용하여 도구를 만든다. 그리고 그 노하우를 후손에게 전수한다. 그렇게 함으로써 불편한 요소들을 제거하면서 자신들이 살기에 쾌적한 환경으로 바꾸어 간다. 그렇기에 사람이라는 종은, 저 더운 적도부근 아프리카에서부터 저 추운 북극의 알래스카까지도 분포되어 있다. 심지어 현대에는 추운 남극에서도 살고, 잠수함을 만들어 바다 속에서도 생활하며, 우주선을 만들어 달에 까지도 간다. 이렇게 사람은 환경에 사육당하기를 철저히 거부한다. 다시 말해서 어떠한 환경이라도 만족하지 않고 더 나은 삶을 위하여 더 나은 환경을 만들고자 노력한다. 그렇기에 환경에 사육당하는 짐승들처럼 절대로 지족(知足)하지 않는다. 이것이 사람만이 가진 고유의 특성이다.

그렇다면 사람은 왜 이런 특성을 가지게 된 것일까? 사람의 10개월 이라는 임신기간은 짐승들에 비하여 상당히 긴 편이다. 그리고 사람이 한 번의 임신을 통하여 낳는 1명이라는 아이의 수는 아무리 적어도 한 번에 3~4마리 이상의 새끼를 낳는 짐승에 비하여 매우 적은 수치다. 또 사람은 10년을 성장하여도 어른이 되지 못하지만, 짐승이 성체가 되는데 걸리는 시간은 고작 1년에서 길어봐야 2~3년이면 충분하다. 이렇게 사람은 짐승에 비하면 종족번식의 조건이 참으로 열악하기 그지없다. 또한 성장하여 어른이 되어도, 호랑이나 사자와 같은 민첩성이나 힘도, 치타와 같이 빨리 달릴 수 있는 능력도, 독수리와 같이 허공을 치고 날아오를 날개도 없다. 그렇다고 해서 말이나 사슴이나 토끼처럼 빨리 달릴 수도, 코끼리나 하마나 들소처럼 자신을 지킬 힘도, 원숭이처럼 나무를 잘 타는 능력도 없다. 다시 말해서 약육강식의 먹이사슬에서 먹이를 구할 수 있는 능력, 자신을 지킬 수 있는 능력도, 짐승에 비하면 참으로 열악하다. 그러므로 사람의 생존조건 역시 열악 그 자체이다.

이렇게 종족번식의 조건도, 생존조건도 모두가 열악하기에, 사람은 모든 짐승들이 채택한 생존방식인 환경에 순응하기 위하여 자신을 개발하여 변화시키는 진화를 채택할 수는 없었다. 왜냐하면 그것은 너무 오랜 시간이 걸리는 것이어서 그 방법을 채택하면 그것은 곧 멸종을 자초하는 것이기 때문이었다. 그래서 사람은 다른 생존방법을 찾아야만 했다. 그렇게 선택한 생존방법이, 환경이 주는 대로 살기 위하여 자신을 계발하여 변화시키는 환경에 순응하는 방식이 아니라, 생존을 위하여 필요한 것을 환경에 요구하여 얻어내는 방식이었다.

그래서 사람은 돌의 도움을 받아 돌칼·돌도끼·돌화살을 만들어 맹수의 날카로움을 얻었고, 나뭇가지의 도움을 받아 높은 나무의 과일을 딸 수 있는 능력을 얻었고, 말의 도움을 받아 빨리 달릴 수 있는 민첩함을 얻었다. 즉 사람은 생존을 위하여 자신이 필요한 것들을 주변의 환경에게 요청하고 그것을 얻어가면서 불리한 생존조건과 종족번식조건을 극복할 수 있었던 것이다. 자신이 필요한 것들을 얻기 위하여 요청하는 것, 그것을 우리는 소통이라고 한다.

여기에, 인성이란 무엇인가에 대한 해답이 있다. 즉 생존을 위하여 갖출 수밖에 없었던 것, 그래서 짐승과는 전혀 다른 오로지 사람만이 가지고 있는 고유의 특성이 되어버린 것, 그래서 인성이라 불리는 그것, 그것은 두말할 필요도 없이 소통이다. 그런데 이것은 타고 태어나는 것이 아니다. 일정한 기간을 거쳐 교육을 받아야만 갖추어지는 것이다. 그러므로 사람이 된다는 것은 소통을 할 수 있는 능력을 갖추는 것을 말한다.

2. 소통

1) 소통이란

그러면 소통이란 무엇인가?

앞에서 언급한 바와 같이, 소통이란 사람이 약육강식의 생태계에서 살아남기 위하여 채택한 유일한 생존방법이다. 즉 다른 동물에 비하여 너무도 처참할 정도로 열악한 생존조건과 종족번식의 조건을 가지고 있는 사람이 살아남기 위하여 어쩔 수 없이 선택할 수밖에 없었던 생존방식으로, 생존을 위하여 필요한 것들을 환경으로부터 얻기 위하여 주변 환경에 요청하는 행위이다. 그러므로 소통을 간단히 정의하자면 '요청'이라 할 수 있다.

따라서 소통이 잘 된다는 것은 서로의 요청이 받아들여진다는 것이고, 소통이 되지 않는다는 것은 서로의 요청이 받아들여지지 않는다는 것이다. 그렇기에 소통이 되지 않을 때는 자신이 상대의 요청을 제대로 파악하였는가, 또 상대가 자신의 요청을 제대로 파악했는가를 먼저 점검해보아야 한다.

2) 요청

　그러면 요청이란 무엇인가? 그것은 자신이 필요한 것을 얻기 위하여 그것을 다른 사람에게 청하는 것이다. 그런데 요청은 그것이 가지고 있는 특성상, 요청하는 사람은 아쉬운 소리를 하는 것이어서, 요청하는 사람은 열등감을, 요청받는 사람은 우월감을 느끼게 한다. 그러다 보니 사람들은 누구나 요청하기보다는 요청받기를 더 좋아한다. 자신의 우월함을 증명하고 싶기 때문이다. 그렇기에 어린 아이들에게 무언가를 부탁하면 아이들은 너무도 흔쾌하게 그 부탁을 들어준다.

　그럼에도 불구하고 타인의 요청을 거절하거나 흔쾌히 응하지 못할 때가 있다. 그렇게 되면 요청한 사람은 물론이고, 그 요청을 거절하거나 흔쾌히 응하지 못한 사람도 상처를 받는다. 그러다보니 이런 경험을 많이 한 사람들은 누구라도 자신의 요청이 거절당하거나 흔쾌히 응해지지 않을 것이 두려워서 더욱 더 요청하기를 꺼려한다.

　그렇다면 요청이 가지고 있는 특성상, 사람들은 요청을 하기보다는 들어주는 것을 좋아하고, 또 거절하거나 흔쾌히 응하지 않으면 자신도 상처를 받음에도 불구하고, 왜 거절하거나 흔쾌히 응하지 못하는 경우가 생기는 것일까?

　우선, 자신이 잘 할 수 없거나 하기 싫은 일을 요청받았을 때이다. 왜냐하면 요청받은 일을 잘 처리하여 상대가 만족해하여야 비로소 자신의 우월함이 증명되는데, 자신이 잘 할 수 없게 되면 거꾸로 자신의 열등함을 드러내는 격이 되기 때문이다. 그리고 누구나 자신이 하기 싫은 일을 요청받으면 흔쾌히 응할 수 없다. 따라서 무엇인가를 요청할 때는 상대가 잘 할 수 있는 일인지, 그리고 상대가 즐겁게 해 줄 수 있는 일인지를 먼저 파악하여야 한다.

그런데, 잘 할 수도 있고 자신이 좋아하는 일임에도 불구하고 거절하거나 흔쾌히 응할 수 없는 경우도 있다. 그것은 그것을 할 수 없는 상황일 때이다. 그렇기에 설사 상대가 좋아하는 일이고 잘 할 수 있다고 하더라도, 그 일을 할 수 있는 상황인지 아닌지를 파악하여야 한다.

좋아하고 잘 할 수 있으며 상황도 허락됨에도 불구하고 거절하거나 흔쾌히 응할 수 없는 경우도 있다. 바로 그 요청을 억지로 받아들일 수밖에 없는 상황을 만들어 요청할 때이다. 자신의 높은 지위나 상대의 약점을 이용한다든가, 생떼를 부리거나 조르는 형태로 상대를 귀찮게 하여 상대가 요청에 응할 수밖에 없도록 하는 요청은, 상대를 불쾌하게 만들 수 있다. 그렇기에 요청을 할 때는 상대에게 충분한 자율권이 부여되어야 한다.

그런데 또 좋아하고 잘 할 수 있으며 상황도 허락되고 강요도 아님에도 불구하고 거절하거나 흔쾌히 응할 수 없을 때도 있다. 그것은 요청이 고압적일 때이다. 요청의 특성상 요청을 하는 자는 요청받는 받는 자보다 열등해야 하는데 거꾸로 요청받는 자가 열등함을 느끼게 한다면 그런 요청을 받아들인다는 것 자체가 치욕적인 것이기 때문이다. 그러므로 요청할 때는 상대를 최대한 존중하고 자신을 최대한 낮추어야 한다.

그런데 상대가 좋아하고 잘 할 수 있는 것을 허락되는 상황에서 최대로 상대에게 자율권을 부여하면서 스스로를 낮추고 상대를 높이면서 요청하였음에도 불구하고, 상처를 받는 경우도 있다. 그것은 상대가 요청임을 인지하지 못하였을 때이다. 누군가가 도움을 청하였는데, 그 사실을 알아차리지 못하거나, 또는 알아차렸다 하더라도 무엇을 도와주어야 하는지 알 수 없다면, 그 요청에 응할 수 있는 사람은 아무도 없을 것이다. 따라서 도움을 청할 때는 상대가 도움을 청한다는 사실을 알아차릴 수 있도록, 또 무엇을 어떻게 도우면 되는지 정확하게 표현하여야 하는데, 우리는 주변에서 이것이 잘 안 되는 사람들을 의외로 흔히 접한다. 그들의 이러한 증상은 가까운 사이일수록 더욱 심하게 나타난다. 그들은 퀴즈를 내듯이 요청하면서, 상대가 알아차리지 못하면 사람이 어쩌면 그런 것도 모르냐는 둥, 왜 그렇게 자신에게 무관심하냐는 둥 하면서 자신도 심한 상처를 입고 상대에게도 심한 상처를 입힌다. 그러다 보니 그들과 가까운 사람들은 그들과 소통하기 위하여 그들이 낸 퀴즈를 알아 맞혀야만 하고, 또 그렇게 하기 위하여 쓸데없이 많은 에너지를 낭비하여야 한다. 그러다가 요청하지도 않은 일을 퀴즈로 생각하고 알아맞히고 도와주려 하다보면, 그것은 쓸데없는 간섭이 되어 상대를 불편하게 만들기 일쑤다. 따라서 도움을 청할 때는 자신이 무엇을 요청하는지 그리고 상대가 어떻게 해주면 되는지에 대하여 정확하게 표현하여야 한다.

　　그리고 상대가 좋아하고 잘할 수 있는 것을 허락된 상황에서 최대로 상대에게 자율권을 부여하면서 스스로를 낮추고 상대를 높이면서 요청하였고 그래서 상대도 흔쾌히 응하고 해 주었음에도 불구하고 서로 상처를 받는 경우도 있다. 그것은 요청한 사람의 요구사항이 제대로 충족되지 않은 경우이다. 그렇다면 왜 이런 일이 생기는 것일까?

우선 생각해 볼 수 있는 것은 요청사항이 상대에게 제대로 전달되지 못한 경우이다. 이런 경우는 요청한 사람이 자신의 요구사항을 명확하게 하지 못하였거나, 요청을 받아들이는 사람이 상대의 요청을 제대로 확인하지 못하고 자기식으로 받아들였기 때문이다. 따라서 이러한 일이 생기지 않게 하려면 요청하는 사람과 받는 사람 모두 요청사항을 명확히 하여야 한다. 다시 말해서 요청하는 사람은 자신이 왜 도움을 청하는지, 그리고 도움을 받을 사항은 무엇이며, 또 상대의 역할이 무엇인지를 간단명료하게 정리하여 요청하여야 하며, 또 요청받는 사람은 그 내용을 제대로 들었는지 재차 반복하며 확인하여야 한다.

그리고 그 다음 생각할 수 있는 것은 자신의 능력이나 상황이 제대로 파악되지 못한 채 요청이 받아들여진 경우이다. 따라서 요청받은 사람은 자신이 그것을 수행할 능력이 되는지, 또 지금 자신의 상황이 그것을 허락하는지를 제대로 파악하여야 한다. 그리고 만약 자신의 능력과 상황이 허락되지 않는다고 판단된다면 지체 없이 거절하여야 한다. 그리고 거절할 때는 돕고자 하는 마음이 충분히 있음을 밝힌 후, 그럼에도 불구하고 거절할 수밖에 없는 이유를 정중하게 밝히고, 가능하다면 도움이 될 만한 정보를 제공하여야 한다.

그리고 또한 요청한 사람은 요청이 받아들여져서 도움이 되었다면, 감사를 표시하고 자신이 능력과 여건을 갖추었을 때 상대가 도움을 청하면 최선을 다하여 도와주어야겠다고 다짐하여야 한다. 또 거절을 당했을 때는, 상대가 거절할 수밖에 없는 상황을 헤아리고 미안한 마음을 가지고 상대의 상처를 어루만져주려고 노력하여야 한다.

이렇게 소통은 자신의 요청을 분명히 하고 상대의 요청을 제대로 파악하는 것으로부터 시작된다.

3) 리더십

사람들은 요청을 들어주는 사람보다 요청하는 사람을 더 좋아한다. 왜냐하면 요청이 가지고 있는 특성상, 요청을 하는 사람은 열등함을, 받아들이는 사람은 우월함을 느낄 수 있기 때문이다. 그런데 리더가 되기 위해서는 사람들이 좋아하는 사람이 되어야 한다. 따라서 진정한 리더는, 남이 열등함을 느끼게 하는 남의 요청을 들어주는 사람이 아니라, 남이 우월함을 느끼게 하는 남에게 요청하는 사람일 수밖에 없다.

예를 들어, 어떤 일을 잘 하는 사람에게 "와! 정말 잘 하시네요. 저도 좀 가르쳐 주실 수 있으십니까?" 하면 그 사람은 흔쾌히 요청에 응하면서 상대에게 호감을 갖는다. 그런데 "와 정말 잘 하시네요. 그런데 이 부분만 수정하시면 더 잘 될 것 같습니다."라고 하며 상대를 가르치려고 한다면 상대는 뭔가 불쾌함을 느낄 것이다. 이렇게 남에게 도움을 받고자 하는 사람에게 상대의 단점 따위는 필요 없다. 따라서 장점만 보려고 한다. 그리고 남을 도우려는 사람은 상대의 단점이 필요하기 때문에 단점만 보려고 한다. 그런데 누가 자신의 단점만을 지적하는 사람을 좋아하겠는가?

그러므로 누구나 남을 도우려는 마인드를 가진 사람보다 남에게 도움을 청하려는 사람을 좋아한다. 더욱이 자신이 잘 할 수 있는 일을, 그리고 자신이 하고 싶어 하는 일을, 자신이 할 수 있는 상황에서 강요하지 않고 정중하게 요청하는 사람이라면 그 사람을 싫어할 사람은 아무도 없다. 그래서 이런 사람의 주변에는 많은 인재가 있을 것이고 이런 사람이 어떤 프로젝트를 진행하면 그 일을 제대로 할 수 있는 사람을 찾아내 도움이 필요한 부분을 요청하고 역할을 분담할 것이다. 그러면 그 사람들은 흔쾌히 그 요청에 응할 것이고, 그렇게 되면 프로젝트는 성공할 것이니 이 사람은 또 다른 프로젝트를 추진할 것이다. 그러므로 이런 사람은 리더가 될 수밖에 없는 것이다.

따라서 리더십이란 도움을 청하는 마인드이고, 진정한 리더는 주변에 자신을 도와 줄 사람들과 함께 산다. 그러므로 자신이 리더인가 아닌가를 보려면 주변에 도와주어야 할 사람이 많은지 자신을 도와 줄 사람이 많은지를 살펴보면 알 수 있다.

3. 교육(敎育)

교육이란 글자 그대로 가르쳐서 기른다는 뜻이다. 즉 사람으로 태어난 자에게 인성을 갖추도록 가르쳐서 사람으로 기르는 것, 그것이 교육이다.

인성이란 소통을 하는 능력이다. 그리고 소통이란 요청이다. 따라서 인성을 기른다는 것은 요청을 하는 능력을 기르는 것이다. 그러므로 교육이란 요청하는 능력을 가르치는 것이다.

그러면 그것을 어떻게 가르치는가? 사람이 태어나면 젖을 먹다가 이유식을 먹고 그것이 익숙해지면 밥을 먹듯이 교육 역시 그 시기에 따라서 가르쳐야 할 것들이 있다. 이제부터는 그것에 대하여 정리하여 보겠다.

1) 영유아기의 교육

영유아기란 태어나면서부터 취학 전까지, 즉 만0세부터 만6세까지를 말한다. 이유(離乳)의 완성, 보행의 시작, 말소리의 개시를 유아기(幼兒期)의 시작으로 보는데, 보통 만1세부터 6세까지가 유아기이다. 그리고 그 이전을 영아기(嬰兒期)라 하는데, 이 시기를 통틀어 영유아기라 한다.

　이 시기에 학습되어야 할 것은 우선 신체적인 변화에 맞춘 이유, 걷기, 언어습득, 배변, 그리고 관계를 생성시키고 유지시키고 단절시킨다는 것에 대한 개념이다. 왜냐하면 소통을 하기 위해서는 나와 상대가 필요하다. 그리고 서로의 관계가 제대로 정립되어 있어야 한다. 그래야 내가 상대에게 할 수 있는 요청인지, 그리고 상대가 나에게 할 수 있는 요청인지가 파악이 된다. 그렇기에 관계의 생성 · 유지 · 단절은 소통을 하기 위한 가장 기본적인 과정이다. 그렇기에 영유아기에 먼저 배워야 하는 것은 관계의 생성 · 유지 · 단절이다.

　그런데 이러한 것들을 학습시키기 위하여 교육자가 의도적으로 해야 할 것은 아무것도 없다. 왜냐하면 이 모든 것들은 아이가 사랑과 관심 속에서 성장한다면 자연히 갖추어지는 것이기 때문이다.

① 관계의 유지를 학습하는 시기(만0세~만2세)

　소화기가 발달하지 못하여 음식도 제대로 소화시킬 수도 없고, 근육도 발달하지 못하여 자유롭게 움직일 수도 없으며, 대소변도 가릴 수가 없어서, 누군가의 도움을 받지 않으면 생존 그 자체가 불가능하면서도, 다른 사람의 상황은 전혀 고려하려고도 하지 않고, 오로지 우는 것만으로 자신의 모든 요구사항을 관철하려고 하는 상태로부터 이 시기는 시작된다.

　그럼에도 불구하고 이러한 상태가 누군가에게는 기쁨과 사랑이 되어, 젖이나 이유식으로 소화기의 발달에 맞추어 음식에 적응할 수 있도록, 넘어지지 않고 제대로 직립 보행할 수 있도록, 대소변을 스스로 가릴 수 있도록, 또 언어를 사용하여 소통할 수 있도록, 기꺼이 돌봐주고 키워주어야 한다.

이렇게 함으로써 신체의 변화에 따라 육체가 살아갈 수 있는 기본적인 기능을 갖추게 함과 동시에, 남에게 폐만 끼치는 존재인 자신을 기쁨과 사랑으로 맞이하여 돌봐주는 무조건적인 사랑을 느낌으로써, 관계의 유지란 자발적인 희생에 의한 것임이 학습되어야 한다.

이러한 관계의 유지에 관한 학습은 앞으로 세상을 살아가면서 경험하게 될 관계의 생성과 유지와 단절이 의지할 가장 근본적인 관계를 완성시킴으로써 관계의 근본기둥을 생성시켜준다. 이 시기에 이것이 잘 생성되지 않은 사람은 관계를 생성하고 유지하고 단절시킴에 이유 없는 불안감을 가지게 되고 사랑을 받을 줄도 줄줄도 모르는 사람이 되어 인생을 꼬이게 하는 원인이 될 수 있다.

② 관계의 생성을 학습하는 시기(만2세~만4세)

만 2세가 되면 어느 정도 소화기관도 발달하여 모든 음식에 적응가능한 상태가 되고, 직립보행도 익숙해져서 뛰어다니며, 자신의 상태를 정확하게 표현은 하지 못하더라도 어느 정도 대화가 되고, 대소변도 어느 정도는 가려서 자다가 가끔 실수하는 정도의 상태가 된다.

따라서 이 시기에는 편식하지 않고 음식을 골고루 먹는 것과 다른 사람의 상태를 인지하여 자신의 요구사항을 언어로 제대로 표현하는 것 등을 익히면서, 관계를 생성한다는 것이 무엇인지를 학습하여야 한다. 다시 말해서 새로운 사람을 만나면 인사하는 예절과 자기를 소개하는 예절 등을 통하여, 다른 사람을 존중하는 법과 자신이 존중받는 법을 익히는데, 이것은 곧 자기가 소중한 존재이듯이 다른 이들도 다 소중한 존재여서, 사람은 누구나가 다 존중받아야 하며 차별하여서는 안 된다는 것을 익히고, 그렇게 모두를 존중하는 자세가 있을 때 비로소 관계가 생성된다는 것을 익히게 된다.

이 시기에 이런 것들이 제대로 숙지되지 못하면, 성장하여도 다른 사람을 왕따시켜 외롭게 만들거나 자신이 왕따 아닌 왕따를 당하는 등, 외로운 삶을 살게 되는 원인이 될 수 있다.

③ 관계의 단절을 배우는 시기(만4세~만6세)

만4세가 되면 어른이 먹는 모든 음식을 소화시킬 수 있을 정도로 소화기관도 완성되고, 언어 역시 그 뜻을 이해하며 사용할 수 있는 상태가 된다.

따라서 이 시기 역시 편식하지 않는 식생활과, 자신과 타인의 상태를 고려하며 자신의 요구사항을 말로 표현하는 것들을 익혀야 한다. 이 때 새롭게 익혀야 하는 것이 관계의 단절이다. 다시 말해서 자발적인 희생이 관계를 유지시켜주며, 타인에 대한 존중이 관계를 생성시킨다는 사실이 학습되었으면, 타인에게 희생을 강요하며 관계를 유지하려 하고, 타인을 무시하면서 관계를 생성하려는 상황은 관계를 단절시켜야 하는 상황이라는 것을 익혀야 한다.

따라서 같은 또래의 친구나 형제들과 놀면서, 다른 사람을 존중하지 않으면서 관계를 생성시키는 행위와 자발적인 희생을 하지 않으면서 관계를 유지하려는 행위를 했음에도 불구하고, 관계를 생성 유지하려 하면 어떠한 고통이 따르는지를 경험하여야 하며, 또 자신이 타인에게 그렇게 하게 되면 타인에게 어떤 고통을 주게 되는지에 대하여 경험하여야 한다. 따라서 자신의 자발적인 희생이나 자신이 타인을 존중하는 것은 당연한 것이어서 감사를 받아야 할 일이 아니지만, 자신을 향한 타인의 자발적인 희생을 경험하거나 자신이 타인에게 존중받았다는 느낌이 들었을 때는 감사하여야 할 때이며, 어떻게 감사를 표현하여야 하는지와 자신이 타인에게 실수로 희생을 강요하였거나 타인을 무시하였을 때는 미안해하여야 할 때이며 어떻게 미안함을 표현해야 하는지를, 그리고 양보하고 양보받아야 할 때와 그 방법 등을 배우고 익혀야 한다. 그리고 그렇게 잘 하지 못하였을 때는 단절도 당해보고, 또 그런 것을 잘 못하는 사람과는 단절을 하기도 하면서, 인간관계의 단절에 따른 고통을 맛보는 시기이다. 이러한 고통을 통하여 유아들은 관계의 단절을 학습하게 된다.

이 시기에 이러한 것들이 제대로 학습되지 못하면, 감사와 미안함에 대한 감정을 느낄 줄 모르는 치명적인 결함이 생기게 되어, 남의 신세를 지거나 하는 것에도 아무런 거리낌이 없고 또한 남에게 불이익을 겪으면서도 울며 겨자 먹기 식으로 관계를 유지하는 사람이 될 수 있다.

이상과 같이, 영유아기의 신체 변화는 인간으로서 살아갈 수 있는 가장 기본적인 기능을 갖추는 것이며, 영유아기의 관계 학습은 인간사회 속에서 인간으로서 인간들과 더불어 살아가기 위한 가장 기본적인 것들을 익히는 것이다. 다시 말해서 편식하지 않는 식습관과 자신의 요구사항을 제대로 표현할 수 있는 언어능력, 자신과 타인에 대한 존중으로 관계를 생성하며, 자발적인 희생으로 그 관계를 유지하며, 감사와 미안이라는 감정을 일으킬 수 있는 상태를 만드는 것, 이것이 영유아기 교육의 핵심이라 할 수 있다.

2) 유년기(幼年期)의 교육

　유년기란 유아기와 소년기의 중간으로 유아기가 끝나고, 사춘기가 시작되기 전까지의 시기로서 보통 만7세부터 만11~12세까지가 이 시기에 해당되는데, 이 시기는 남녀의 성별에 따라 신체적인 변화가 시작되며, 영유아기 때 학습한 관계의 생성과 유지와 단절을 바탕으로 소통하는 방법을 익혀야 하는 시기이다. 즉 옛 선인들이 '남녀칠세부동석(男女七歲不同席)'이라 하였듯이 남녀의 성에 대한 구분을 익혀야 하며, 인류가 오랜 세월동안 축적해 온 소통의 노하우인 예절을 학습하여야 하는 시기이다.

　따라서 이 시기부터는 취학하여 여러 가지 지식을 배워야 하는데, 이 때 배워야 할 지식이란 인류가 오랜 세월동안 축적해 온 소통의 노하우인데 그것이 바로 예절이다.

① 국어교육

　소통의 수단은 말과 글이다. 말을 배운다는 것은 바르게 듣기와 말하기를, 그리고 글을 배운다는 것은 바르게 읽기와 쓰기를 배우는 것이다. 이것을 가르치는 교과목이 바로 국어다.

　바르게 듣는다는 것은 상대방의 말에 담겨진 상대방이 전달하고자 하는 그 생각 속의 요청을 듣는 것이며, 바르게 말한다는 것은 상대에게 전달하고자 하는 자신의 생각 속의 요청을 말로 잘 표현하는 것이다. 그리고 바르게 읽는다는 것은 글을 통하여 작자(作者)의 생각을 바르게 파악하는 것이며, 바르게 쓴다는 것은 자신의 생각을 글로 잘 표현하는 것이다.

그러기 위해서는 풍부한 어휘력과 핵심을 잘 파악할 수 있는 문장 분석력이 필요한데, 따라서 이러한 능력을 양성하는 것 그것이 국어교육의 목표이다.

② 수학교육

그런데 아무리 바르게 듣고 말할 수 있더라도, 그리고 아무리 바르게 읽고 쓸 수 있더라도, 제대로 생각할 수 없다면, 그것은 무용지물(無用之物)이다. 왜냐하면 듣고 말하고 읽고 쓰는 것은 생각을 소통하기 위한 것이기 때문이다.

그렇다면 제대로 생각한다는 것은 무엇일까? 제대로 사리를 분별하는 것이다. 사리를 분별한다는 것은 일의 옳고 그름을 판단하는 것인데, 판단하여야 할 일이 생겼다는 것은 곧 문제가 생겼다는 것이다. 그러므로 제대로 생각한다는 것은 어떤 문제를 제대로 해결해가는 과정을 말한다.

그러면 어떤 문제를 제대로 해결하기 위해서는 어떻게 하여야 할까? 우선 무엇이 문제인지 문제를 명확히 하여야 한다. 그리고 그 문제가 가지고 있는 모든 조건들을 찾아내야 한다. 그런 다음에 문제에 그 조건들을 대입하여야 한다. 그러면 조건들을 충족시킨 답을 찾을 수 있게 되고, 그러면 문제는 해결된다. 이러한 과정을 밟는 것이 제대로 생각하는 것이다.

이렇게 생각할 수 있도록 훈련시키는 것이 수학인데, 우선 수학은 문제를 명확하게 할 수 있도록 복잡한 언어를 수로, 그리고 복잡한 문장을 식으로 표현하여 문제를 제시한다. 그리고 무엇이 문제이고 무엇이 조건인지를 찾게 한 후, 조건을 문제에 대입시켜 답을 구하게 한다.

이러한 과정을 반복시킴으로써 수학은 제대로 생각할 수 있는 능력을 양성시켜주는 것이다. 따라서 제대로 생각할 수 있는 능력을 양성하는 것, 그것이 수학교육의 목표이다.

③ 인문과학

그런데 바르게 듣고 말하고 읽고 쓸 수 있고, 제대로 생각할 수 있다고 해서, 인류가 축적한 소통의 노하우를 아는 것은 아니다. 따라서 그 다음은 이런 것들을 배우고 익혀야 하는데 그것이 바로 인문과학이다. 인문과학이란 인간과 인간문화에 대한 관심을 가진 학문분야인데, 여기에 인류가 축적한 소통의 노하우가 전부 담겨져 있다.

따라서 유년기에 가정에서 학습되어야 하는 것은 남녀를 구분하는 것이고, 취학하여 학습하여야 하는 것은, 바르게 듣고 말하고 읽고 쓰는 방법과 바르게 생각하는 방법, 그리고 인류가 축적한 소통의 노하우이다. 그리고 이러한 것들을 가르치는 과목이 국어, 수학, 인문과학이다.

3) 청소년기의 교육

청소년기란 육체적 · 정신적으로 성인이 되는 시기로, 사춘기라고도 하며 보통 13세에서 20세가 이 시기에 해당된다. 이때는 성호르몬의 분비가 증가하여 이차 성징(性徵)이 나타나며, 생식 기능이 완성되는 시기여서 이성(異性)에 관심을 가지게 되고 춘정(春情)을 느끼게 된다. 따라서 이 때는 성의 사용법에 대하여 학습하여야 한다.

그리고 취학하여 유년기에 배우는 과목들을 보다 구체적으로 학습함과 동시에, 사회의 구성원으로서 공동으로 익혀야 할 것들과 사회구성원으로서 자신의 역할을 충분히 할 수 있는 능력을 배양해야 한다.

그렇다 하더라도 이 시기에 있어서 무엇보다 가장 중요한 것은 가치관확립이다.

① 성의 사용법에 대한 학습

성에 관한 이야기는 결혼에서 자세하게 설명하겠지만, 생물학적으로 암컷의 성은 선택하는 성이며, 수컷의 성은 선택받는 성이다. 따라서 남성보다 여성의 성이 더욱 가치 있는 성이므로 여성의 성은 언제든지 남성에게 약탈당할 수도 있고, 희롱당할 수도 있다.

그렇기 때문에 비록 육체적으로는 완성되었지만 정신적으로는 아직 완성되지 않은 이 시기에는 남성은 죄의식도 없이 여성의 성을 약탈하거나 희롱하기 쉽고, 여성은 신중하지 않게 자신의 성을 사용할 수도 있다. 그런데 인간의 성은 종족번식을 위한 기능 이외에도 남자와 여자의 커뮤니케이션이라는 기능이 있어서, 이 시기에 잘못 사용하게 되면 그 기능 역시 상처를 받아, 정작 성을 마음껏 누려야 하는 결혼생활에서는 그것을 마음껏 누리지 못해 불행한 결혼생활을 하는 경우가 생긴다.

따라서 이 시기에 우선 학습되어야 하는 것은, 여성은 스스로 선택하지 않은 성에 의하여 자신의 성이 약탈당하거나 희롱당하지 않도록 스스로를 지키는 마음가짐과 자세이고 남성은 여성의 성을 지켜주고 보호해주어야 한다는 정신자세이다.

이와 더불어 남성에게는 스스로 지키려하지 않는 여자의 성은 지켜줄 필요가 없음도 가르쳐야 한다. 그렇다고 해서 스스로 지키려하지 않는 여자의 성은 희롱하거나 빼앗아도 된다는 것은 아니다. 자신의 성을 제대로 사용할 줄도 지킬 줄도 모르는 여성의 행동을 자신을 사랑하는 것으로 착각하고 거기에 빠져서 헤어나지 못하는 경우를 예방하려는 것이다. 따라서 스스로 지키려 하지 않은 여자의 성은 지켜줄 필요가 없다는 것은, 이런 여성과는 가까이 하면 안 되는데, 설사 어쩌다가 가까이 하게 되어 가까운 사이가 되었다하더라도 빨리 빠져나올 수 있어야 한다는 것이다.

육체적으로 성이 완성되는 이 시기에 이런 것들은 반드시 배워야 한다.

② 교양교육

소통의 수단인 말을 바르게 사용하기 위하여 읽고 쓰기와 듣고 말하기와 많은 어휘를 익히는 국어, 바르게 생각하는 법을 익히는 수학, 그리고 인류가 오랫동안 축적해온 소통의 노하우인 인문과학을 배우는 것은 기본적인 교과이어야 한다.

그리고 그 외에 사회의 구성원으로서 공동으로 익혀야 할 것들을 학습하는 교양교육을 배워야 하는데, 이것을 익혀야 하는 이유는 사회일반적인 기본 지식들을 알고 있어야 사회구성원으로서 커뮤니케이션이 가능하기 때문이다.

사회일반적인 기본 지식이란, 현재 사회가 어떻게 생겨났는지를 알기 위한 역사, 현재 사회의 구조는 어떤 모습인가를 알기 위한 사회, 물질에 대한 기본적인 지식인 과학 등이다.

③ 전문교육

사회의 구성원으로 살아가려면 그 사회에서의 자신의 역할이 있어야 한다. 그것이 직업이다. 그것을 잘 수행하기 위해서는 거기에 맞는 지식과 숙련이 필요한데, 그것을 배우고 익히는 것이 전문교육이다.

④ 가치관확립

또한 이 시기는 자신만의 가치관을 확립하는 시기인데, 자신만의 가치관이란 소통에 대한 자기만의 방식이다. 이것을 확립하기 위하여 영유아기와 유년기에 배운 모든 것들을 거부하기 시작한다. 이유 없는 반항이 시작되는 것이다.

그렇다고 하여 영유아기 때 부모님을 통하여 배웠던 것들, 그리고 유년기 때 학교교육을 통하여 선생님에게 배웠던 것들을 모두 부정하는 것은 아니다. 그러한 것들을 인정하면서도 부모님이나 선생님에게 받았던 정보들을 보다 폭 넓게 접하기 시작하면서 충돌하는 현상이다. 또한 기존에 정보입력의 루트였던 부모님이나 선생님보다 새롭게 생겨난 정보입력의 루트인 친구들이나 매스컴 등을 통한 사회적인 소문들이 더 신선하고 충격적으로 느껴지기 때문에 일어나는 현상이기도 하다.

이 시기에 필요한 가정과 학교의 제대로 된 대응은 충돌이다. 그리고 그것은 때로는 어느 정도 강압적이어야 하고 일방적일 필요도 있다. 하지만 그러면서도 유연하여야 하고 합의가 도출되어야 한다. 다시 말해서 항상 유연하거나 합의적이거나 강압적이거나 일방적이어서는 안 되고 이런 것들이 적절하게 조화를 이루어야 한다는 것이다. 그렇게 한다면 설사 가정과 학교의 가치관이 옳지 않더라도 이 시기의 청소년에게는 자신만의 가치관을 확립하는데 큰 도움이 될 수 있다.

 이러한 교육과정을 통하여 인간은 인간의 성품을 완성하여 가면서 사람이 되는 것(成人)이다.

4. 예절(禮節)

　사람에게는 짐승과 다르게 서로 소통하는 능력이 있다. 이것이 바로 인성이다. 소통이란 누군가에게 도움을 요청하는 것이다. 요청이 흔쾌히 받아들여지면 그것은 소통이 잘 된 것이고, 흔쾌히 받아들여지지 못하거나 거절되면 소통이 잘 되지 못한 것이다. 그리고 요청할 수 없는 상태가 되면 그것은 소통이 막힌 것이다. 소통이 잘 되는 사람들과 함께 산다면 행복하고 풍족한 삶이 되겠지만, 소통이 막힌 사람들과 함께 산다면 그것은 외롭고 서러운 삭막한 삶이 될 것이다.

　그러면 소통은 왜 막히는 것일까? 그것은 소통이 잘 되지 않는 경험이 축적되었기 때문이다. 다시 말해서 자신의 요청이 흔쾌히 받아들여지지 않거나 거절당하는 경험이 축적되는 것인데, 자신의 요청이 흔쾌히 받아들여지지 않거나 거절당하게 되면 요청한 자신도 또 요청받은 사람도 모두가 상처를 받는 것이니, 결국 자신의 요청이 서로에게 상처 입힌 것이다. 이러한 경험이 축적되어지면 누군가에게 무엇인가를 요청하는 것이 망설여지게 되고, 결국에는 아무에게도 요청을 하지 못하는 상태가 될 것이다. 이렇게 되면 소통이 막히게 되는 것이다.

　그러므로 소통을 잘하는 방법, 즉 서로에게 상처를 입히지 않는 요청방법은 무엇보다 중요한 덕목일 수밖에 없다. 그래서 인류는 그 노하우를 오랫동안 전수하고 축적시키면서 발전시켜왔다. 그것이 바로 예절이다. 따라서 예절이란 한 마디로 말하자면 '제대로 소통하는 법', 다시 말해서 '서로에게 상처를 주지 않고 제대로 요청하고 요청받는 방법'이다.

그렇기에 소통하지 않는 것이 가장 무례(無禮)하다. 버릇없는 사람이란 말을 듣고 싶지 않아서 해야 할 요청을 하지 못하고, 해야 할 말도 하지 못하는 것이 예절인 줄 알고 그렇게 행동한다면 그것이야말로 상대방을 무시하는 가장 무례한 행동이 된다. 따라서 누구에게나 예의 바르게 요청하고 행동하는 것을 가르치고 배워야지 참고 누르는 것을 가르치고 배운다면 그것은 무례를 가르치고 무례를 몸에 익히게 되는 것이다.

그러면 예절이란 무엇인가? 예절이란 예의범절(禮儀凡節)의 준말이다.

예의범절이란 무엇인가? 우선 그 한자어의 어원을 살펴보면, '예의(禮儀)'의 '예(禮)'는 '보일 시(示)'와 '풍요로울 풍(豊)'으로 구성되어 있다. 그런데 '시(示)'는 제단 위에 음식이 놓여 있는 상태의 상형문자이니 이 것은 무엇인가를 기원하는 형상이다. 그러므로 '예(禮)'란 풍요로움을 빈다는 뜻이다. 그리고 '의(儀)'는 '사람 인(人)'과 '옳을 의(義)'로 구성되어 있다. 그러므로 '의(儀)'란 사람이 하는 옳은 행위라는 뜻이다. 따라서 예의란 풍요롭기를 바라는 사람이 하는 옳은 행위라는 뜻이 된다.

그리고 '범절(凡節)'의 '범(凡)'은 모두라는 뜻이며 '절(節)'은 규칙이라는 뜻이니 범절이란 모두가 따라야 하는 규칙이란 뜻이 된다. 이렇게 해서 한자어 어원에서 예의범절을 살펴보면, 그 뜻은 풍요로움을 바라는 옳은 행위로 누구나가 따라야 하는 규칙이다.

그런데 예의범절에는 '은(隱)'으로서의 생각이 있고 '현(顯)'으로서의 말과 행동이 있는데 예의가 '은'이고 범절이 '현'이다. 다시 말해서 풍요로움을 비는 옳은 행위인 예의는 예절의 마음가짐이고, 모두가 따라야하는 규칙인 범절은 예의를 행동양식으로 규정하여 놓은 것이다. 따라서 시대와 지역에 따라 그 행동양식이 다를 수는 있지만 그 행동양식이 담고 있는 뜻은 다르지 않으므로 범절은 다를 수 있지만 예의는 다르지 않다.

예를 들어 한국 사람들은 그릇을 밥상 위에 놓고 고개를 숙이고 밥을 먹는다. 그리고 일본사람들은 그릇을 들고 입을 가리고 밥을 먹는다. 또 서양 사람들은 모든 음식을 칼로 작게 썰어 포크로 찍어서 입에 넣는다. 그런데 한국 사람들은 일본 사람들처럼 밥그릇을 들고 먹으면 거지같다고 하고, 서양 사람들처럼 음식을 작게 썰어 먹으면 깨작깨작 먹는다며 천시한다. 그런데 일본 사람들은 음식에 입이 가는 것은 짐승이나 하는 짓으로 사람이라면 음식이 입으로 와야 한다며 밥그릇을 상에 놓고 먹는 것을 천시한다. 그리고 서양 사람들은 한국 사람들이 쌈밥을 먹는 모습을 보고 야만인이라 한다. 그런데, 각국마다 그런 식사예절을 가지고 있는 것은 입에 들어 있는 음식물을 상대에게 보이지 않으려는 배려심 때문이다. 이처럼 간단한 식사예절조차 지역과 시대에 따라 다르다. 그런데 이것은 범절이 다른 것이지 식사행위를 소중하게 생각하는 그 마음가짐이 다른 것은 아니다.

고인을 추모하는 것에 있어서도 마찬가지이다. 서양 사람들은 묘지의 묘비 앞에서 고인을 추모하지만, 동양 사람들은 위패를 모신 사당에서 고인을 추모한다. 그 이유는 그것은 서양 사람들의 풍습은 자신의 집 앞마당에 묘지를 쓰기 때문에 묘비가 위패의 역할을 하지만, 동양 사람들은 풍수지리에 의거하여 묘를 쓰기 때문에 묘는 심산유곡에 있기 마련이어서 묘비는 그냥 묘지임을 알리는 표지석이고 위패는 집안에 사당을 만들어 모신다. 이렇게 범절은 다르지만 고인의 이름을 새긴 지물을 만들어 고인을 추모하는 그 뜻은 분명히 다르지 않다.

이처럼 범절은 지역과 시대에 따라 충분히 달라질 수 있지만 예의는 달라질 수 없다.

따라서 예의를 바르게 알면 그러한 범절이 왜 생겼는지를 이해할 수 있게 되어, 예절의 편리함과 필요성을 절감하게 된다. 그러나 예의를 모르는 채로 범절만 강요당하다보면 예절은 불편하며 불필요한 것으로 간주하여, 예절이 가진 혜택을 누릴 수 없게 된다.

또한 예의만 제대로 알고 있으면 시대와 지역을 막론하고 범절은 금방 습득할 수 있으므로 예의의 뜻을 구체적인 행동양식으로 규정한 범절을 여기에서 취급하는 것은 글로벌한 현대사회에 있어서 무의미한 일일 것 같다. 따라서 여기에서는 예의에 대한 내용만을 살펴보고자 한다.

1) 예의

예절의 뜻인 예의에도 은(隱)과 현(顯)이 있다. 다시 말해서 예의에도 예절의 바탕이 되는 숨은 생각이 있고 드러난 생각이 있는데, 현은

은을 품고 드러난다.

① 자긍심(自肯心)

예절의 바탕이 되는 숨은 생각이란, 첫 번째가 자긍심(自肯心)이다. '자랑할 긍(矜)'의 자긍심(自矜心)이 아니라 '긍정할 긍(肯)'의 자긍심(自肯心)이다. 즉 자신을 긍정하는 마음이다. 사람에게는 누구나 긍정하고 싶은 자신의 모습이 있고 부정하고 싶은 자신의 모습이 있는데, 긍정하고 싶은 자신의 모습은 자랑하고 싶어 하고 부정하고 싶은 자신의 모습은 감추고 싶어 한다. 긍정하고 싶은 자신을 보면서 자신을 자랑하고 싶어 하는 마음이 자긍심(自矜心)인 반면, 자긍심(自肯心)이란 부정하고 싶은 자신의 모습을 자신의 모습으로 인정하고 더 이상 숨기려 하지 않는 마음이다.

신체의 장애가 있더라도 그것을 스스로 인정하고 받아들이면 그것은 개성이 되지만, 그것을 받아들이지 못한다면 그것은 장애가 된다. 예를 들어 다리가 마비된 사람이 다리가 마비되었음을 인정하고 휠체어생활을 하거나 목발을 사용하면서 열심히 살아간다면 그 사람의 불편한 다리는 하나의 개성이 되지만, 자신의 다리가 마비되었음을 인정할 수 없어서 다리가 마비되지 않은 척하거나 남들이 볼까봐 밖으로 나가지도 못하고 전전긍긍하면서 온갖 스트레스를 받으며 산다면 그것은 병신이 꼴값 떠는 꼴이 된다.

이처럼 자신의 인생에서 부정하고 싶은 것, 그래서 남들에게 보여주고 싶지 않고, 항상 숨기고 싶은 것을, 그것도 자신이 인정해야 할 자신의 삶이며 인생임을 인정하는 것, 그것이 바로 자긍심(自肯心)이다. 예의는 여기에서부터 시작한다.

② 자존심(自尊心)

두 번째가 자존심(自尊心)이다. 사람들이 일반적으로 '누가 내 자존심을 건드려'라고 화를 내면서 말하는 자존심은 실제로 자존심이 아니라 열등감(劣等感)이다. 여기에서 자존심이란 스스로가 스스로를 존귀하게 생각하는 마음이다.

스스로를 존귀하게 생각한다는 것은 자긍심(自肯心)이 생긴 사람만이 할 수 있는 마음가짐으로, 부정하고 싶은 자신의 모습을 인정하고 받아들여 그러한 것을 가지고 있는 자신을 존귀하게 생각하는 것이다. 다시 말해서 자기가 존귀하여야만 하는 이유는 자기 자신은 이 세상에서 유일무이한 존재라는 것 이외에는 없다. 따라서 너무도 형편없는 조건을 가지고 있는 것이 자기 자신이어서 모든 이들에게 무시를 받을 수밖에 없는 존재라 하더라도 자기 자신만큼은 스스로를 존귀하게 대해주는 것, 그것이 자존심이다.

③ 자부심(自負心)

그 다음 세 번째가 자부심(自負心)인데, 이것은 자긍심(自肯心)을 통하여 인정된 자신의 부정적인 모습, 그리고 그렇다 하더라도 자신에게 있어서만은 유일무이한 존재이기에 가장 존귀하다는 것을 알고 그렇게 대해 주는 자존심이 생겼다면 그런 자신을 짊어질 줄 알아야 한다. 이것이 바로 자부심이다.

자부심이란 자기가 자기의 의지처가 되어주는 것인데, 사람은 남에게 업히듯이 의지해서는 안 된다. 왜냐하면 온 몸에 힘을 빼고 있는 사람은 부축하기가 힘든 것처럼, 힘을 빼고 업히듯이 의지하게 되면 다른 이에게 고통만 주기 때문이다. 하지만 자기 자신에게는 모든 힘을 빼고 의지해야 한다. 그래야 쉴 수 있기 때문이다.

이렇게 자기가 자기에게 힘을 빼고 의지할 수 있는 이유는 자기가 자기를 믿을 수 있기 때문이다. 자기가 자기를 믿을 수 있는 상태를 우리는 자신감(自信感)이라 하는데, 자신감이란 스스로를 믿어주려는 마음이 아니라 자신이 자신의 의지처가 되어줄 수 있는 자부심에 의하여 생겨나는 상태인 것이다.

이렇게 자긍심(自肯心), 자존심(自尊心), 자부심(自負心), 이것이 예의의 숨은 뜻으로, 이 숨은 뜻을 잘 드러낸 것이 배려와 인사이다. 즉 이 세 가지 마음을 갖추지 못한다면 제대로 된 배려도, 제대로 된 인사도 할 수 없다.

④ 배려(配慮)

배려(配慮)의 '배(配)'는 '닭 유(酉)'에 '몸 기(己)'로 구성되어져 있는데, '유(酉)'는 십이 간지에서 닭을 지칭하는 말로 쓰여 일반적으로는 '닭 유(酉)'로 알려져 있지만, 실제로는 술병의 상형문자로 원래의 뜻은 '술 유(酉)'이다. 그리고 '몸 기(己)'는 사람이 꿇어앉은 모습의 상형문자이다. 그러므로 '배(配)'는 술병을 앞에 두고 사람이 무릎을 꿇고 앉은 형상으로, 이것은 결혼식을 하는 모습이니, 즉 이것은 배우자를 의미하는 말이다.

그리고 려(慮)는 '아직 나타나지 않은 모양 호(虍)'에 '생각 사(思)'로 구성되어져 있는데, '사(思)'는 '밭 전(田)'에 '마음 심(心)'으로 구성되어져 있으니, 이것은 밭에 마음을 두고 하는 생각이다. 그러면 밭에 마음을 두고 하는 생각은 무엇이겠는가? 그것은 양식이다. 그러면 양식은 왜 생각하는가? 배가 고프기 때문이다. 그런데 그것이 '나타나지 않은 모양 호(虍)' 안에 들어 있으니 '려(慮)'는 자신의 배고픔을 돌보지 않고 하는 생각이다.

따라서 배려란 자신의 배고픔보다 자신과 함께 하는 사람을 먼저 생각하는 마음이다. 즉 자신과 함께 하는 사람을 도와주거나 보살펴주고자 마음을 쓰는 것, 그것이 배려이다.

그런데 그것은 하는 것만큼 받는 것도 중요하다. 그렇기에 배려는 할 때와 받을 때를 잘 알아야 한다. 그렇다면 배려는 어느 때 하여야 하고 어느 때 받아야 하는 것일까?

우선 나의 것은 배려를 받아야 하고, 너의 것은 배려를 하여야 하며, 우리의 것은 서로 배려를 하고 배려 받아야 한다. 나의 것이란 나의 공간, 나의 시간, 나의 관계, 나의 일, 나의 물건 등이다. 그리고 너의 것이란 너의 공간, 너의 시간, 너의 관계, 너의 일, 너의 물건 등이다. 그리고 우리의 것이란 우리의 공간, 우리의 시간, 우리의 관계, 우리의 일, 우리의 물건 등이다. 예를 들어 가족들이 함께 생활하는 공간에서 나의 방은 나의 공간이고 다른 가족의 방은 너의 공간이며 공동으로 사용하는 공간은 우리의 공간이다. 그렇기에 나의 방에 들어 올 때는 다른 가족들의 배려를 받아야 하고, 다른 가족의 방에 들어 갈 때는 배려를 해야 하며, 공동의 공간에서는 서로가 배려를 하고 받아야 한다.

또 나의 결혼식은 나의 시간이고 타인의 결혼식은 너의 시간이고 배우자에게 있어서는 우리의 시간이다. 그러므로 나의 결혼식에서는 다른 사람들의 배려를 받아야 하고 타인의 결혼식에는 내가 배려를 해야 하고 배우자와는 서로 배려를 하고 받아야 한다. 또 나의 부모는 나와의 관계이고 타인의 부모는 너와의 관계이고 형제자매하고는 우리의 관계이다. 그러므로 나의 부모는 타인에게는 배려 받아야 하고, 너의 부모는 내가 배려를 해야 하며, 우리의 부모는 서로 배려하고 배려 받아야 한다.

이렇게 배려는 할 줄도 알아야 하지만 받을 줄도 알아야 한다. 그런데 만약 배려를 해야 할 상황인데 받으려 한다든지, 또는 배려를 받아야 할 상황인데 하려 한다든지 하면 그것은 참으로 꼴사나운 상황이 된다. 예를 들어 2차선에서 1차선으로 도로가 좁아지는 곳이 있다고 해보자. 그곳을 통과하려면 양보했으면 다음번엔 양보를 받아야 한다. 그럼에도 불구하고 양보만 한다면 그곳은 도대체 언제 통과하겠는가? 또 팔이 잘려나가 피가 철철 나는 사람이 손가락을 다친 사람을 배려해서 치료를 양보한다면 이것 또한 얼마나 꼴사나운 상황인가?

그렇기에 남을 배려하는 것도 중요하지만 남에게 배려 받는 것도 중요하다. 따라서 내가 배려를 할 상황이라면 배려하고, 내가 배려 받아야 할 상황이라면 배려를 받아야 하는데 상대가 그것을 모른다면 배려를 요구할 줄도 알아야 한다.

⑤ 인사(人師)

그리고 그 다음은 인사(人師)이다. 이것은 '사람 인(人)'과 '섬길 사(師)'로 구성되어져 있으니, 인사란 사람을 섬기는 것이다. 그런데 우리와 관계를 맺은 사람에는 윗사람과 동등한 사람 그리고 아랫사람이 있다. 그러므로 섬기는 것도 어떤 관계냐에 따라 달라야 한다.

윗사람에는 군사부(君師父)가 있다. 군(君)은 자신보다 서열이 높은 사람이고, 사(師)는 스승이고, 부(父)는 아버지다. 이에 따라 섬기는 덕목도 달라야 하는데, '군'은 복종(僕從)으로, '사'는 존경(尊敬)으로, '부'

는 보은(報恩)으로 섬겨야 한다.

왜 그래야 하는가? 우선 군(君)은 서열이라는 질서에 의하여 정해진 윗사람이다. 가정에서는 형과 동생이다. 그리고 직장에서는 상사와 부하직원이다. 이런 서열이 생겨난 것은 어떤 일을 진행함에 있어서 서로의 의견이 충돌할 경우에 미리 누구의 의견을 따를 것인지를 정하기 위한 것이다. 그렇게 하지 않으면 서로의 의견만 충돌할 뿐 일은 진행되지 않기 때문이다. 그래서 서열이 낮은 사람은 복종자이고 높은 사람은 책임자라는 약속이 잠재되어져 있다. 따라서 군을 섬기는 덕목이 복종인 것이다.

그리고 사(師)는 스승이다. 스승은 서열이 자기보다 높은 사람이 아니다. 여기에는 의견이 충돌할 경우 누구의 의견을 따라야 할지에 대한 약속이 잠재되어 있지 않다. 따라서 스승을 섬기는 덕목이 복종이 되어서는 안 되고 존경이어야 한다.

존경은 '높일 존(尊)'과 '공경할 경(敬)'으로 구성되어 있는데, '존(尊)'은 '술 익을 추(酋)'에 '마디 촌(寸)'으로 구성되어 있고, '경(敬)'은 '진실로 구(苟)'와 '칠 복(攵)'으로 구성되어 있다. '추(酋)'는 술(酉)이 잘 익어 냄새가 나는 모습의 상형문자인데, 그 밑에 손을 의미하는 '촌(寸)'이 있으니 이것은 술병을 들고 따르는 형상이다. 이것은 곧 제사장이 제사를 올리기 위하여 술병을 따르는 형상으로서, 어떠한 서열에 의하여 강제적으로 높이는 것이 아니라 스스로가 상대를 자발적으로 높인다는 의미이다. 그리고 '구(苟)'는 사람이 공손하게 서 있는 모습의 상형문자이고 그 뒤에 회초리가 있으니 '경(敬)'은 사람이 공손하게 회초리로 종아리를 맞고 있는 모습이다. 회초리로 종아리를 맞는 모습은 꾸지람을 듣고 있는 것이고 공손함은 그 꾸지람을 기꺼이 수용하는 태도이다.

그러므로 존경이란 자발적으로 상대를 높이고 스스로를 낮추어 가르침을 듣는 태도이다. 이것이 스승을 섬기는 덕목이다.

그리고 부(父)는 그 글자가 비록 '아비 부(父)'이지만 아버지만을 의미하는 것이 아니라 부모 모두를 의미한다. 부모와 자식의 관계는 의견이 충돌할 경우 누구의 의견을 따라야 할지를 결정하기 위하여 생겨난 서열 관계도 아니고, 배움을 받기 위하여 생겨난 관계도 아니다. 따라서 부모를 복종이나 존경으로 섬겨서는 안 된다. 그럼에도 불구하고 부모는 자식이 행복해지기를 바라기에 염려하여 복종 또는 존경을 자식에게 요구할 수밖에 없다. 그렇다고 하여 부모를 복종이나 존경으로 섬기면 그것은 부모의 인생이지 자식의 인생이 될 수 없어 자식은 불행한 삶을 살게 된다. 따라서 부모가 복종이나 존경을 요구하는 것은 자식을 향한 사랑일 뿐이라는 것을 알고, 자식은 부모를 복종이나 존경으로 섬겨서는 안 되고 보은으로 섬겨야 한다.

보은은 '갚을 보(報)'와 '은혜로울 은(恩)'으로 구성되어 있고, '보(報)'는 '다행 행(幸)'과 '병부 절(卩)'과 '또 우(又)'로 구성되어 있으며, 은(恩)은 '인할 인(因)'에 '마음 심(心)'으로 구성되어져 있다. '행(幸)'은 차꼬의 상형문자인데 차꼬란 죄인을 포박하는 도구이다. 그리고 '절(卩)'은 사람이 꿇어앉은 모습의 상형문자이고, '우(又)'는 손이니, 사람이 포박되어 꿇어앉아 있는데 그 뒤에 손이 있으니 재판을 받는 모습이다. 그런데 재판하여 나온 결과는 자신의 의지와 상관없이 집행되므로 '보(報)'

는 자신의 의지와 상관없이 집행되듯이 갚아야 하는 것이다. 그리고 '인(囚)'은 사람이 돗자리에 대자로 편안하게 누워 있는 모습이니 편안하게 있는 형상이고, 그 밑에 마음이 있으니 '은(恩)'은 편안한 마음이다. 편안한 마음을 가질 수 있는 것은 믿는 구석이 있기 때문이고, 믿는 구석이 있는 이유는 언제 어느 때나 아무리 어려운 상황이라 하더라도 의지할 곳이 있기 때문이다. 부모는 그런 곳이다. 언제 어느 때이든 아무리 어려운 상황이라 하더라도, 부모가 그렇지 않은 존재임에도 불구하고 의지하고 싶은 마음이 일어나게 하는 존재이다. 그런 존재에게 그 은혜를 재판을 통하여 집행되듯이 무조건으로 갚아야 하는 것, 그것이 보은이다.

이러한 보은의 마음으로 부모님을 섬기는 것을 효(孝)라 한다. '효(孝)'는 '흙 토(土)'와 '빛날 별(丿)' 그리고 '아들 자(子)'로 구성되어져 있는데, '토(土)'는 어머니를 상징하며 '별(丿)'은 아버지를 상징하니 자식이 부모님을 떠받드는 형상이다. 그러므로 효란 자식이 부모님을 모시는 덕목을 말하는 것인데, 여기에는 세 가지 덕목이 있다.

첫 번째는 보은인데, 의지처가 될 수 있는 부모이든 아니든 자식이라면 누구나 언제라도 자신도 모르게 자기를 낳아주고 길러준 부모를 의지할 수밖에 없다. 따라서 부모는 자식에게는 항상 의지처일 수밖에 없다. 그러므로 부모님에게 보은의 마음을 갖는 것은 당연하다. 그리고 두 번째 덕목은 우애(友愛)이다. 열 손가락 깨물어 안 아픈 손가락이 없듯이 부모님에게는 모든 자식이 모두가 소중하고 귀한 존재이다. 따라서 형은 동생을 사랑으로, 그리고 동생은 형을 복종으로 섬기며 서로가 우애있게 지내야 한다. 그리고 마지막으로 세 번째 덕목은 봉양(奉養)이다. 내가 어려서 아무것도 할 수 없을 때 부모님은 나를 위해 수고를 아끼지 않으시며 기쁨으로 희생하고 키워주셨다. 그런데 이제 부모님이 연로하여 옛날의 나처럼 아무것도 할 수 없게 되었다. 그렇기에 자식이라면 그런 부모를 물심양면으로 받들어 모셔야 할 것이다.

이렇게 군(君)은 복종으로 사(師)는 존경으로 부(父)는 보은으로 섬겨야 한다. 그럼에도 불구하고 군이 아랫사람에게 존경과 보은을 요구한다면 복종이 사라지고, 스승이 제자에게 복종과 보은을 요구한다면 거기에는 존경이 없어져 배움이 있을 수 없고, 부모가 자식에게 복종과 존경을 요구한다면 거기에는 자식의 행복이 없으니 효 또한 사라진다.

그 다음 동등한 사람 즉 친구지간에는 서로 신의(信義)로 섬겨야 한다. 신의는 '믿을 신(信)'과 '옳을 의(義)'로 구성되어져 있으니 올바름을 믿는 것이다. 그러므로 친구지간에 서로 신의로 섬기라는 것은, 친구지간에는 서로 올바름을 믿어 주어야 한다는 것이다. 그렇다고 해서 맹신하라는 것은 아니다. 의문을 동반하지 않은 믿음이 맹신인데, 친구가 올바르지 않은 말이나 행동을 한다면 그의 올바른 생각이 왜 그런 말이나 행동을 하는지 의문을 일으켜야 한다. 그러면 질문을 하고 그 질문을 통하여 의문을 풀고 친구의 생각이 옳음을 확인하여야 한다. 이것이 신의로 섬기는 것이다.

그 다음으로 아랫사람은 사랑으로 섬겨야 한다. 사랑이란 자발적인 희생이다. 이것은 배려와는 다르다. 왜냐하면 사랑이나 배려나 모두가

양보인데, 양보를 요구할 수 있는 것이 배려지만 사랑은 자발적인 것
이기에 요구되어질 수 없는 것이기 때문이다.

제4장
결혼
(結婚)

1. 여자와 남자의 어원

　결혼이란 남자와 여자가 하는 것이다. 그런데 요즘은 동성결혼도 있다 보니 그렇지 않은 경우도 있다고 하기도 한다. 하지만 비록 동성(同性)이라 하더라도 결혼할 때는 한쪽은 여자가 되고 또 한쪽은 남자가 되니, 결혼은 반드시 여자와 남자가 한다고 할 수 있다. 그러면 여자란 무엇이고 남자란 무엇인가?

　그 정의를 알아보기 위해, 우선 그 어원부터 살펴보겠다. 영어로 남자는 'man'이고 여자는 'woman'이다. 'man'이란 남자라는 뜻 이외에 사람이라는 뜻도 있다. 그리고 'woman'은 구영어에서 사람을 의미하는 'man'에 여성을 의미하는 'wif'의 약자로 변형하여 붙이면서 여자를 가리키는 말이 되었고, 'wif'는 현재 '부인'을 의미하는 'wife'로 변형되어 사용되고 있다. 여기서 알 수 있는 것은 구영어나 지금 영어나 'man'은 남자란 뜻이면서 사람이란 뜻이다. 그러므로 남자는 사람이란 말이다. 그리고 여성을 의미하는 단어는 구영어에서는 'wi'이고 지금 영어에서는 'woman'이라는 사실이다. 어쨌든 여자는 사람이 아니다.

　그런데 서양인들의 근본적인 사상이라 할 수 있는 기독교의 성경을 보면 'she shall be called 'woman', for she was taken out of man. For this reason a man will leave his father and mother and be united to his wife, and they will become one flesh(그녀를 woman이라 부르게 하고 사람에게 취하게 하였다. 이러한 이유로 사람은 그의 아버지와 어머니를 떠나 그의 부인과 연합하고 그들은 한 몸이 되었다.)' 란 말이 나온다. 이것을 보면 남자만이 사람이며 여자는 사람이 부모를 떠나 독립하였을 때 동반자가 되기 위하여 만들어진 존재이다.

그런데 영어의 어원에서 풀이되는 여자는 사람이 아니라 사람의 삶을 보조하기 위한 존재라는 이러한 해석은 어딘가 납득이 되지 않는다. 그리고 이러한 개념의 여성상은 사회적으로 여성의 위상이 높아지는 현대사회에서는 더욱이 납득될 수 없는 해석이다.

그렇다면 한자의 어원은 어떨까? 우선 여자를 나타내는 한자어인 '계집 여(女)'는 여자가 다소곳이 앉아있는 모습의 상형문자라는 주장도 있고, 또 여자가 아이를 낳는 모습의 상형문자라는 주장도 있다. 옛날에는 산달이 된 여자가 아이를 낳을 때는 땅에 구덩이를 파고 대소변을 보듯 쭈그리고 앉으면 주변 사람들이 벌린 양팔을 잡아주면서 아이를 낳았다고 하는데, 이 모습의 상형문자라는 것이다.

그러므로 '여(女)'가 여자가 다소곳이 앉아 있는 모습의 상형문자라면 여자란 다소곳이 앉아 있는 존재라는 뜻이 되며, 아이를 낳는 모습의 상형문자라면 여자란 아이를 낳는 존재라는 뜻이 된다. 그런데 여자의 정의가 다소곳이 앉아 있는 존재라는 것은 어딘가 받아들여지기 쉽지 않다. 그러나 아이를 낳는 상형문자라는 주장은 여자가 아이를 낳을 때 앉아서 낳는다고 하니 여자가 다소곳이 앉아 있는 모습과도 일맥상통하여서 아이를 낳는 상형문자라는 주장이 더 신빙성이 있어 보인다. 그렇게 해서 아이를 낳는 상형문자라는 주장을 받아들이면 여자란 아이를 낳는 존재이다.

그리고 남자를 나타내는 한자어인 '사내 남(男)'은 '밭 전(田)'에 '힘 력(力)'자로 구성되어 있다. 다시 말해서 밭에서 힘을 쓰는 사람이라는 뜻인데, 그러면 왜 밭에서 힘을 쓸까? 밭은 양식을 생산하는 곳이니, 밭에서 힘을 쓰는 이유는 당연히 양식을 얻기 위해서이다. 그러면 양식은 왜 얻으려 하는 것일까? 그것은 자신의 아이를 낳아준 여자와 자신의 아이를 부양하기 위해서이다. 따라서 남자란 자신의 아이를 낳아준 여자와 자신의 아이를 부양하는 존재인 것이다.

이렇게 한자어의 어원에서 살펴본 결과로 여자와 남자를 정의하면, 여자는 아이를 낳아 기르는 사람이고, 남자는 자신의 아이를 낳은 여자가 자신의 아이를 잘 키울 수 있도록 여자와 아이를 지키고 부양하는 사람이다.

2. 행복한 결혼생활

그런데 아직 성인이 되지 않은 여자는 신체적으로 임신을 할 수 있는 능력도 없고, 또 설사 그런 능력이 있다하더라도 자신이 낳은 아이에게 인성을 심어주어 사람으로 키워낼 수 있는 능력도 없다. 따라서 성인이 된 여자는 신체적으로는 임신할 수 있는 능력이 있으며, 정신적으로는 아이에게 인성을 가르칠 수 있는 능력이 있어야 한다. 또 아직 성인이 되지 않은 남자는 신체적으로 여자를 임신시킬 수 있는 능력도 없고, 설사 그런 능력이 있다하더라도, 자신의 아이를 임신한 여자가 아이를 낳아 잘 키울 수 있도록 지켜줄 수 있는 능력도 없다. 그러므로 성인이 된 남자는 신체적으로는 여자를 임신시킬 수 있는 능력이 있고, 또 자신의 아이를 임신한 여자가 아이를 잘 낳아 잘 키울 수 있도록 여자와 아이를 지켜줄 수 있는 능력도 있어야 한다.

그러므로 결혼이란 성인이 된 여자와 남자가 가정을 이루기 위하여 만나는 것이고, 가정이란 아이를 낳아 키우는 아이의 보금자리이니, 결혼의 목적은 모든 생물에게 부여되어진 종족번식의 임무를 수행하는 것이다. 이 임무는 임신과 출산, 육아의 과정을 거쳐 수행되어지는데, 이 과정을 남자와 여자가 서로 역할을 분담하여 함께 수행하는 생활이 결혼생활이다. 그런데 주목해야 할 것은 이 과정이 인생의 대부분을 차지한다는 사실이고, 그렇기에 행복한 인생에는 행복한 결혼생활이 전제될 수밖에 없다는 것이다.

앞에서 이미 말했듯이 행복이란 재앙을 막고 풍족함을 얻는 것이다. 재앙이란 해결하여야 할 어떤 문제이고, 이 문제를 슬기롭게 극복하는 것이 재앙을 막는 것이고, 그러면 풍족함이 찾아오는 것이 복을 얻는 것이니, 행복한 결혼생활이란 결혼생활에서 직면하는 문제들을 슬기롭게 극복하면서 풍족함을 얻어가는 생활이다. 그러므로 결혼생활에서 직면할 문제들은 어떤 것이 있으며 또 그것은 어떻게 해결하여야 할 지를 미리 안다면, 그것은 행복한 결혼생활에 많은 도움이 될 것임에는 틀림없는 사실이다.

그러면 결혼생활에서 직면할 문제들에는 어떤 것들이 있을까? 우선 결혼생활이라는 것이 임신 · 출산 · 육아라는 종족번식의 과정을 남자와 여자가 역할을 분담해서 함께 하는 것이니, 거기에서 직면할 문제들 역시 그 과정에 따라 생각해 볼 수 있을 것이다.

예를 들어 임신이라는 과정에서는 배우자 선택이라는 문제일 것이고, 또 선택이 완료되면 아직 남편과 아내가 되지 못한 남자와 여자의 충돌이라는 문제일 것이고, 그리고 또 출산과정에서는 아직 아버지와 어머니가 되지 못한 남편과 아내의 충돌이라는 문제, 또 육아과정에서는 아버지와 어머니의 충돌이라는 문제, 그리고 또 결혼 전반에 걸쳐서는 남편과 아내의 충돌 또는 남편이나 아내의 가족과의 충돌이라는 문제에 직면하게 될 것이다.

그런데 이런 문제들은 참으로 복잡 미묘한 양상을 띠고 있어서, 아무리 인성을 제대로 갖춘 성인이라 하더라도 해결책을 찾아내기란 그다지 만만치 않다. 그러면 왜 이렇게 복잡하고 미묘한 것일까? 그것은 상대의 문화를 이해할 수 없는 전혀 다른 문화를 가진 사회가 만나 충돌하는 것이고 서로의 부족함을 메꾸기 위하여 생겨났기에, 같은 구석이라고는 전혀 찾아 볼 수 없어서 서로를 이해하는 것은 전혀 불가능한 남성과 여성이 만나 충돌하는 것이 결혼이기 때문이다.

따라서 결혼생활에서 직면하는 문제들에 대한 해결책을 생각하려면, 우선 전혀 다른 문화를 가진 사람이 만나 충돌하게 될 내용과 남성과 여성에 대한 이해가 선행되어야 할 것이다.

3. 결혼에 있어서 이질 문화의 충돌과 그 해결책

　사람이 태어나면 가장 먼저 생기는 관계가 부모와 자식의 관계이다. 그것을 중심으로 같은 부모 밑에서 태어난 형제와의 관계, 부모의 부모와의 관계, 또 부모의 형제와의 관계, 부모의 형제의 자식들과의 관계 등 혈연관계가 펼쳐진다. 그리고 또 살아가면서 그것을 중심으로 지연과 학연이 펼쳐진다. 그러므로 모든 관계는 부모와 자식의 관계가 시작되면서 나온 것이라 할 수 있으니, 부모와 자식의 관계가 모든 관계에 있어서 가장 중심이 되는 기둥이라면, 그 외 나머지 관계는 거기에서 파생되어 나온 줄기라 할 수 있다.

　그런데 결혼이란 관계의 중심기둥이 서로 다른 사람이 만나 함께 사는 것이다. 다시 말해서 남녀 각자는 각자의 부모가 중심이 되어 만들어진 각기 다른 문화 속에 존재하는 사람들이었다. 이들이 어느 날 갑자기 만나, 같이 한 침대에서 몸을 섞으며 자기 시작하고 같은 밥을 먹고 화장실을 같이 쓰는 등, 모든 것을 공유하며 살기 시작하는 것이다. 눈에 콩깍지가 씌였을 때야 어쩔 수 없겠지만 시간이 지나면 서로에게 불편함을 줄 것은 당연한 사실이다.

　그리고 결혼이란 '남자'가 소속된 사회에서 보면 '남자'의 부모가 중심이 된 사회에 전혀 다른 이질문화를 가진 사람이 들어오는 것이고,

'여자'가 소속된 사회에서 보면 '여자'의 부모가 중심이 된 사회에 전혀 다른 이질문화를 가진 사람이 들어오는 것이다. 그러면 그 사회는 갑자기 균형이 흔들리며 이제까지 유지되어오던 조화로움이 깨질 위기에 직면하게 되면서, 스스로를 지키기 위하여 방어본능을 작동시킬 것이다. 이것이 바로 이질문화의 충돌이다.

그러면 이러한 충돌은 어떻게 해결하여야 하는 것일까? 그냥 서로의 다른 문화를 인정하고 이해하면서 서로 양보하고 살면 될까? 그런데 아무리 인정하고 이해하고 양보하더라도 불편한 것은 불편한 것이다. 부모와 자식의 관계는 천륜(天倫)이라 하여 끊으려 해도 끊을 수 없지만, 부부관계는 '임'에서 점하나 찍으면 '남'이 된다는 말이 있듯이 그 불편함이 인내의 한계를 넘어서면 끊어질 수도 있는 불안정한 관계이다.

그렇기에 결혼을 하게 되면 관계의 근본기둥을 교체해야 한다. 다시 말해서 결혼하면 부모와 내가 중심이 되어 있던 관계와, 배우자와 배우자의 부모가 중심이 되어 있던 관계가 결합을 하게 되는데, 거기에서 나와 부모가 중심이 된 관계의 세계는 나에게서만 통용되는 세계이지 배우자에게는 절대 통용이 될 수 없는 세계이고, 또 배우자와 배우자의 부모가 중심이 된 관계의 세계는 배우자에게만 통용되는 세계이지 나에게는 절대로 통용될 수 없는 세계이다. 따라서 두 세계가 합쳐지려면 그 세계의 중심이 되는 관계의 근본기둥이 서로가 통용될 수 있는 것으로 바뀌어야 하는데, 서로에게 통용되는 관계는 두 사람의 관계 이외에는 있을 수 없다. 그러므로 부모와 자식이 관계의 중심이었던 것이 결혼하게 되면 부부관계로 바뀌어야 하는 것이다.

그러면 부모와 자식의 관계는 어떤 것인가? 부모는 자식이 어렸을 때는 성인이 되도록 돌봐 주는 관계이며, 성인이 되면 아이들을 잘 키우고 잘 살 수 있도록 협조하는 관계이며, 늙으면 자식의 보호를 받는 관계이다. 그러면 부부관계는 어떤 관계인가? 남편은 아내를 지키고 보호하는 사람이며, 아내는 남편의 보호를 받으며 아이를 낳아 키우는 사람이다. 그러므로 관계의 중심이 바뀐다는 것은, 이런 부부관계가 중심이 되고 이제까지 중심이었던 부모와 자식의 관계는 줄기가 된다는 것을 말하는 것이다. 그런데 부모와 자식의 관계는 결혼할 때까지 오랫동안 유지되었던 관계지만, 부부관계는 이제 막 생겨난 관계이다. 그렇기에 관계의 중심이 바뀌려면 의도를 가지고 노력하지 않으면 안 된다.

　　따라서 남편은 자신의 부모가 중심이 된 사회에 맞추도록 아내에게 희생을 요구하지 말고 그러한 요구로부터 아내를 지키는 수호신이 되어 아내가 편안히 자신의 아이를 낳고 키울 수 있도록 하여야 하고, 아내는 자신의 부모가 중심이 된 사회에 맞추도록 남편에게 희생을 요구하지 말고 그러한 요구로부터 남편을 지키는 수호신이 되어 남편이 편안히 자신을 보호할 수 있도록 하여야 한다. 이러한 것이 전제가 된 연후에 서로의 문화를 충돌시키면서 서로를 인정하고 이해하고 양보하면서 새로운 두 사람만의 문화를 만들어야 한다.

　　그렇기에 예로부터 부모들이 부부간에 금슬이 좋은 자식을 보면 못마땅해서 "장가를 보내놨더니 제 마누라 치마폭에 빠져 산다."든지, 또는 "딸년 시집 보내놨더니 친정 서까래까지 빼가려 한다."든지 하는데, 이것은 참으로 정상적인 모습이다. 왜냐하면 관계의 중심이 바뀌었기 때문에 일어나는 현상으로, 이런 모습은 행복한 부부의 모습인 것이다.

그런데 우리는 주변에서 고부갈등을 겪는 사람들의 사연이나, 시집 보다는 친정 일에 더욱 신경을 쓰는 사람들의 사연을 간혹 접하곤 한 다. 그런데 고부갈등은 남편이 아내가 아닌 자신의 어머니를 지키려 하기에 생기는 갈등이며, 시집보다 친정에 더욱 신경 쓰는 이유는 관 계의 근본기둥이 바뀌지 않았기 때문에 생기는 갈등이다. 남자가 홀어 머니 밑에서 자랐거나, 어머니가 결혼생활 중 자신의 남편에게 제대로 보호받지 못하면, 남자는 결혼하고서도 아내가 아닌 어머니를 보호하 려고 하면서 정작 자신의 아내에게는 보호를 받으려고 한다. 또 여자 가 홀어머니나 홀아버지나 부부의 금슬이 좋지 않은 부모 밑에서 자라 면 시집보다 친정 일에 더욱 신경을 쓰게 되는데, 이런 여자는 남편에 게 보호받으려 하지 않는다. 그래서 어느 쪽도 결혼생활이 불행할 수 밖에 없다.

4. 성(性)에 대한 이해

　결혼생활 중 직면하는 문제에 있어서 문화적인 충돌보다 더 근원적인 것이 성의 충돌이다. 성(性)이란 본바탕이다. 그러므로 남성이란 남자의 본바탕이고, 여성이란 여자의 본바탕이다. 남성과 여성은 근본적으로 다르다. 그렇지만 종족보존의 임무를 완수하기 위하여 만나는 것이다. 그래서 서로는 서로를 절대로 이해할 수 없다. 그러다 보니 남성에게 있어서 사람은 남성뿐이고, 여성에게 있어서 사람은 여성뿐이다. 그런데 남성은 여성도 사람인 줄 알고 여성은 남성도 사람인 줄 알고 소통을 시도하려고 한다. 그러면서 성(性)의 충돌이 발생한다.

　이 성의 충돌은 결혼생활의 전반에 있어서 문화의 충돌보다 심각하게 발생하는데, 겉으로는 문화의 충돌로 위장되어 있기에 감지하지 못하는 경우가 많다. 그런데 사실 결혼생활에 있어서 이 성의 충돌을 완화시킬 수 있다면, 문화의 충돌 역시 상당하게 완화시킬 수 있다. 따라서 성에 대한 충돌을 완화시키는 일은 행복한 결혼생활에 있어서 아주 중요한 요소이다.

　그러려면 서로의 성에 대한 이해가 우선되어야 할 것이다.

1) 성의 시작

지구상에 처음 등장한 생물은 단세포생물이었다. 단세포생물은 몸이 한 개의 세포로 이루어진 생물로, 세포 분열이 자손을 번식시키는 생식을 의미하는 것이었기에 이들에게는 성별의 구분이 필요 없었다.

그런데 지구의 환경이 변하자, 단세포생물은 더 이상 세포분열로 자손을 번식시킬 수 없게 되었다. 그래서 그들은 다른 세포와 결합하여 번식하는 방법을 채택하였는데, 그러다보니 자연스럽게 유전자를 주는 세포와 그것을 받아서 분열시켜 자손을 번식시키는 세포로 그 역할이 구분되었다. 그렇게 전자인 수컷과 후자인 암컷이 생겨났는데, 수컷이 바로 남자의 성인 남성이고 암컷이 여자의 성인 여성이다.

2) 남성과 여성의 특징

그런데 이런 방법의 번식은 불평등하다. 왜냐하면 암컷에 비하여 수컷에게 훨씬 유리하기 때문이다. 즉 수컷은, 세포분열의 수고스러움을 암컷에게 일임하고 자신은 유전자를 주기만 하면 되기 때문에 번식과정이 간단해졌지만, 암컷의 번식과정은 수컷의 유전자를 받아 자신의 유전자와 결합시켜 세포를 분열시켜야 하기 때문에 더 복잡해졌다. 이것은 곧 수컷이 암컷보다 더욱 빠르고 다량으로 종족을 번식시킬 수 있다는 것을 의미한다.

그러다보니 이러한 불리함을 극복하는 방법으로, 암컷은 보다 좋은 유전자를 받아들이기 위하여 신중하게 선택하는 성향이 생겼고, 자연스럽게 교미의 기회가 적어진 수컷들은 보다 많은 교미를 하기 위하여 암컷이라면 물불 안 가리게 되었다. 이렇게 해서 암컷은 선택하는 성이 되고 수컷은 선택받는 성이 되었는데, 이것은 곧 암컷의 성이 수컷의 성보다 더 가치 있는 성이 되었음을 의미한다. 그러므로 여성의 성이 남성의 성보다 가치 있는 것은 어쩔 수 없는 사실이다. 그렇기에 매춘은 여성만이 가능하며, 강간은 남성만이 할 수 있는 것이다.

이러한 사실이 전제되어야 남성과 여성은 서로의 성을 존중할 수 있다.

여성의 성이 더 가치 있기에, 지체장애인이나 정신이상인 여자의 행동조차도 남성들은 유혹으로 느껴 성적충동을 일으키지만, 지체장애나 정신이상 정도가 아니라 호감을 느낄 수 없는 남성의 유혹은 물론이요 성적 농담조차도 여성들에게는 불쾌하게 생각된다, 그러므로 여성은 자신이 선택한 남성에게만 호감을 느끼지만, 남성은 여성이라면 누구에게나 호감을 느끼기에 아무것도 아닌 여성의 행동을 유혹으로 오해할 수 있다는 사실, 이것이 전제되어야 서로의 성을 존중받을 수 있다.

따라서 여성은 호감을 가지고 유혹할 의사가 없다면, 남성이 착각할 만한 행동을 해서는 안 된다. 남성이 착각할 만한 행동이라는 것은, 성적충동을 일으킬 만한 언행, 약탈당하더라도 성을 지킬 수 없는 상태를 만드는 행위이다. 성적충동을 일으킬 만한 언행이란, 상대가 성적충동을 느낄만한 농담이나 노출이 심한 복장을 하는 것이고, 약탈당하더라도 지킬 수 없는 상태를 만드는 행위란 같이 술을 마시거나 술을 마셔도 의식을 잃을 정도로 지나치게 과음을 하거나 또는 혼숙하는 행위 등이다. 여성이 남성 앞에서 이런 언행을 하지 않는 것이 자신의 성과 상대의 성을 존중하는 태도이다. 왜냐하면 남성이란 여성이라면 누구에게나 호감을 느낄 수 있는 존재인데, 그런 행동을 하여도 상대가 자신에게는 그런 감정을 가지지 않을 것이라는 생각이, 자신이 여성임을 그리고 상대가 남성임을 부정하는 태도이기에, 자신의 성과 상대의 성을 무시하는 것이기 때문이다. 그러므로 아무리 자신에게는 상대가 남성으로 보이지 않는다 하더라도, 항상 남성으로 취급하여 주는 것, 그것이 자신의 성과 자신이 선택하지 않은 성에 대한 배려이고 존중인 것이다.

그리고 남성은 자신의 성이, 여성이면 누구에게나 호감을 느낄 가능성이 있는 성이라는 사실을 인정하여야 한다. 그렇기에 선택받지 않았더라도 선택받은 것으로 착각할 수도 있고 또한 상대가 항거불능의 무방비상태가 되면 언제든지 약탈도 할 수 있는 성이라는 사실을 인정하여야 한다. 그렇기에 선택받지 않았다면 또 선택을 받았더라도 끝까지 보호할 것이 아니라면, 성적충동을 일으킬 만한 언행에도 성적욕구를 자재하여야 하며, 또 같이 술을 마시거나 과음을 하게 하면 안 되며, 또 한 방에서 혼숙하여서도 안 된다. 그러므로 자신에게는 여성으로 느껴지지 않는다 하더라도 여성으로 생각하고 취급해 주는 것, 그것이 남성이 선택받지 못한 성과 선택을 받아들일 수 없는 여성에 대한 배려이고 존중인 것이다.

어쨌든, 보다 가치 있는 성인 여성은 언제라도 약탈당하고 희롱당할 위험에 노출되어 있기에, 여성은 성을 사용함에 신중하여야 하며 스스로 선택하지 않은 성에 의하여 자신의 성이 약탈당하거나 희롱당하지 않도록 자신의 성을 지킬 줄 알아야 한다. 그리고 남성은 자신에게는 자신을 선택하지 않은 성도 약탈할 수 있는 수컷의 본능이 있음을 알고, 선택받지 않은 성이나 선택받았어도 평생 함께 할 성이 아니라면 지키고 보호해주려는 의지, 이것이 서로의 성을 존중하는 태도이다.

3) 성욕

선택하는 입장인 성인 여성은 자신이 선택한 남성에게만 호감을 느끼고, 선택받는 성인 남성은 여성이라면 누구에게나 호감을 느낀다. 이 호감이 섹스를 하고 싶어 하는 욕구로 발전되면 이것이 성욕인데, 여성은 당연히 자신이 선택한 남성한테만 느끼는 반면, 남성은 여성이라면 누구에게나 느낀다.

그러면 대체로 여성은 어떤 남성에게, 남성은 또 어떤 여성에게 호감을 느낄까?

결론적으로 말하자면 여성은 능력이고, 남성은 미모와 연약함이다. 이것 역시 여성이 선택하는 성이고 남성이 선택받는 성이기 때문에 생기는 현상인데, 여성이 선택하여야 할 남성은 열악한 생존환경으로 내몰리는 임신 · 출산 · 육아의 시기를 함께 하면서 자신과 아이를 지키고 보호할 수 있는 능력이 있는 사람이어야 하므로 능력 있는 남성에게 호감을 느낀다. 하지만 선택받기만 하면 누구든 상관이 없는 남성의 입장에서는, 이왕이면 다홍치마라고 어여쁜 여성이고 게다가 나약해서 항상 자신이 보호하지 않으면 살 수 없을 것 같은 여성에게 매력을 느끼는 것은 당연하다.

그런데 서로는 그러한 상대를 이해하지 못한다. 왜냐하면 여성에게 사람이란 여성뿐이고 남성에게 사람이란 남성뿐이기에 이해하지 못하는 것이다. 그래서 여성들은 남자들도 여자들처럼 능력에 매력을 느낄 것이라 착각한다. 그래서 미모보다는 능력이나 지혜로운 마음에 이끌리는 남자가 정상적인 남성이라 생각해서, 머리도 나쁘고 능력도 없고 자신감도 없는 형편없는 여성이지만 예쁘기만 하면 호감을 표시하는 남자들을 유치하고 저속한 짐승이라며 혐오한다. 게다가 자신은 미모보다는 능력으로 선택받았을 것이라는 착각에 빠져 살기에 결혼하고 나면 자신의 미모를 가꾸기보다는 다른 능력을 발휘하는 것에 열을 올린다. 그리고는 남편이 자신의 그런 능력에 매력을 느껴 빠져 있을 것이라는 착각을 하며 산다.

그리고 또 남성들은 여자들도 남자들처럼 미모나 나약함에 매력을 느낄 것이라 착각한다. 그래서 몸매도 좋고 잘생긴 남자를 선호하는 여자가 정상적일 것이라 생각해서, 뚱뚱하고 못생기고 키도 작고 나이도 많은 남성에게 시집가는 어여쁜 여자는 돈에 팔려간 속물이라 생각하며 혐오한다. 그래서 결혼하면 능력이 아니라 자신만이 가지고 있는 특유의 외모나 몸매에서 나오는 매력 때문에 선택을 받았다고 착각하여, 자신의 능력을 갈고 닦기보다는 부인의 치마 속으로 파고 들어가면서 어린애가 되어 모성애를 자극하려고만 한다. 그러다 보니 결혼하면 여자들은 남편이 아닌 아들을 데리고 살게 된다.

또 아내들은 세련되고 능력있고 자신감이 넘치는 여자가 남편에게 호감을 나타내면 긴장한다. 그러나 예쁜 여자가 아무리 예뻐도 촌스럽고 능력도 자신감도 없는 상태로 남편 주변에 있으면서 호감도 나타내지 않으면 방심한다. 그리고 남편들은 근육질에 세련되고 잘 생기고 섹시한 남자가 아내에게 호감을 나타내면 긴장한다. 그러나 아무리 능력 있고 현명해도 뚱뚱하고 배 나오고 못생기고 더러운 남자가 아내의 주변에 있으면서 아내에게 호감도 나타내지 않으면 또한 방심한다. 그러나 그러다가 둘이 눈이 맞아 바람이 나면 참으로 기가 막혀한다. 이것은 남성과 여성 서로가 서로의 성에 대한 무지에서 나오는 현상이다.

앞에서 말한 바와 같이 여성은 선택한 남성에게 그리고 남성은 모든 여성에게 호감을 느끼는데, 그것이 성욕으로 발전하면 그것을 해갈하는 것에 있어서도 남성과 여성에게는 커다란 차이가 있다. 여성은 같이 밥 먹고, 커피마시고, 영화보고, 야구장에 가고, 여행 가고, 쇼핑하는 등 무엇인가를 같이 하면서 존중받고 보호받는다는 느낌을 받으면 충분히 욕구가 해소되지만, 남성은 실질적인 섹스를 하지 않으면 해소되지 않는다. 그러다 보니 여성들은 사랑하는 사람과의 데이트만 가지고도 만족하기에 구태여 섹스까지는 할 필요가 없다고 생각하고, 남성들은 사랑하는 사람과 섹스만 하면 만족하기에 구태여 데이트까지 할 필요는 없다고 생각한다. 그래서 여성은 데이트만 하려고 하고 남성은 섹스만 하려고 해서 서로에게 욕구불만을 갖게 한다. 따라서 서로를 사랑하고 존중한다면 남성은 데이트에, 여성은 섹스에 더 관심을 가지고 서로에게 노력하여야 한다.

4) 섹스의 시작

그러면 남성과 여성은 언제 어떤 상태가 되었을 때 섹스를 시작할까? 여성은 자신이 선택한 상대가 자신을 존중하고 보호할 의사가 있음이 확인되어야 섹스를 할 수 있지만, 남성은 여성의 선택을 확인하기 위하여 섹스를 한 후 그때부터 상대를 존중하고 보호할 것인지를 결정한다. 그것 역시 여성은 선택하는 성이고 남성은 선택받는 성이기 때문이다. 그러다보니 남성은 여성이 호감을 나타내기만 해도 섹스를 시도하지만, 여성은 호감을 나타내면서도 상대의 의중에 확신이 없으면 섹스를 하지 않는다. 그런 남성의 성향을 여성들은 늑대라고 하고 그런 여성의 성향을 남성들은 여우라고 한다.

하지만 여성은 선택하는 성이기에 그 호감은 보호받고 싶다는 의사에 불과하고 상대가 섹스만 하고 떠나지 않고 반드시 끝까지 보호해 줄 것이라는 확신이 들어야 섹스를 할 수 있으며, 남성의 섹스는 보호해 주겠다는 의사표현이 아니라, 보호할지 여부를 결정하기에 앞서 우선 자신이 선택되었는지 여부를 확인하는 행위에 불과하다는 사실을 알아야 한다. 또한 호감을 표시하기만 하면 섹스를 시도하는 남성은 늑대이어서가 아니라 건강한 남성이기 때문이고, 호감을 보이면서도 섹스를 거부하는 여성은 내숭을 떨며 자신의 몸을 닳게 만드는 여우가 아니라 건전한 여성이기 때문이라는 사실을 알아야 한다.

남성들은 보호하고 싶지 않은 여성이라면 섹스를 하든 하지 않든 보호하지 않지만, 보호하고 싶은 여성이라면 섹스를 하든 하지 않든 보호한다. 하지만 섹스로 남자의 선택을 구걸하는 여성을 보호하고 싶어 하는 남성은 어디에도 없다. 따라서 여성은 자신이 보호받을 것이라는 확신도 없으면서 호감이 가는 남성의 선택을 받기 위하여 섹스를 한다면 참으로 어리석은 짓이다. 그러기에 호감을 느끼지만 아직 자신을 선택하였는지 여부가 확인되지 않은 남성이 섹스를 시도해 오면, 호감을 충분히 느끼고 있음을 밝히고 상대의 선택이 확인되지 않았기에 응

제4장 결혼(結婚)

107

할 수 없음을 분명히 표현해야 한다. 그렇게 하지 않고 호감을 표시하며 섹스를 시도하는 남성의 요구에 너무 쉽게 응하게 되면 배설만 하고자 하는 남성의 변기로 전락하기 십상이다.

하지만 호감을 느끼는 남성이 평생을 자신을 존중하고 보호하고 지켜줄 것이라는 확신이 선다면 과감하게 벗어던질 수 있어야 한다. 여기에서 신중에 신중을 기해야 한다는 것은 말할 나위도 없이 중요하다.

5) 성적쾌락

① 성적쾌락

성적쾌락이란 섹스를 하면서 느끼는 쾌락을 말하는데, 짐승들의 교미에 있어서 짐승의 일부 수컷 중에는 사정 시에 쾌락을 느끼는 정황이 포착되기도 하지만 암컷에서는 그 어느 짐승에게도 그런 정황은 포착되지 않는다. 그 이유는 그것은 번식이라는 임무를 완수하기 위해서 암컷은 교미 후에도 출산과 양육이라는 험난한 여정을 책임져야 하는 한편, 수컷은 교미 그 자체로 임무가 완수되니, 수컷에게 있어서 교미는 암컷의 선택을 받아내기 위한 험난한 여정을 거친 끝에 얻어낸 쾌거이므로 그 자체가 쾌락일 수밖에 없지만, 앞으로 고통의 여정을 살아야만 하는 암컷에게 있어서는 고통의 시작이니 결코 쾌락일 수가 없기 때문이다. 그래서 짐승의 암컷은 배란기에만 교미의 충동을 일으켜 수컷을 유혹하지만, 수태하였거나 배란기가 아니면 교미의 충동을 일으키지도 않고 수컷을 유혹하지도 않는다.

그러나 인간의 여성은 배란기가 아닌 때에도 임신 중에도 성욕을 느끼고 섹스를 하며, 분명히 쾌락을 느낀다. 본래 생물학적으로 암컷인 여성은 섹스에서 쾌락을 결코 느낄 수 없어야 하는데, 왜 인간의 여성은 쾌락을 느끼는 것일까?

② 여성이 성적쾌락을 느끼는 이유

동물에게 있어서 종족번식을 위한 수태ㆍ출산ㆍ육아의 기간은 생존조건이 더욱 열악해지는 시기이다. 더욱이 사람은 짐승들에 비해 더욱 열악하다. 즉 임신ㆍ출산ㆍ육아의 과정을 담당하는 여자는 생존조건이 열악한 환경 속에 너무 오랫동안 노출되어야 한다는 것이다. 사람의 임신기간은 10달이며, 또한 산후조리기간도 필요하고, 출산하고 나서도 적어도 10년 이상은 양육하여야 한다.

따라서 여자는 이 기간 동안의 생존 확률을 높이기 위하여, 이 긴 과정을 함께할 수 있는 남자, 즉 자신과 아이들을 돌보고 지켜줄 수 있는 능력이 있는 남자를 선택하여야만 했다. 그러다보니 그러한 능력이 있는 남자에게 매력을 느끼고, 그러한 남성을 유혹하여 임신을 시도했다. 그런데 그러한 능력을 가진 남성은 다른 여성에게도 매력적이다. 그래서 우수한 유전자를 가졌다고 판단되면 물불가리지 않고 달려드는 암컷의 본능은, 그 남성을 당연히 유혹할 것이고, 또한 될 수 있으면 많은 여성을 임신시키고 싶어 하는 남성이 가지고 있는 수컷의 본능은 그 유혹을 뿌리칠 수 없을 것이다.

그런데 사람은 한 번의 섹스로만 임신할 수 있는 것도 아니고, 또 임신하였다 하더라도 출산, 육아기간을 함께 하며 도와줄 조력자가 필요하다. 그러므로 여성은 자신이 선택한 남성을 다른 여성의 유혹으로부터 지켜내야만 했다. 그러기 위해서는 다른 여성을 임신시키지 못하게 해야 했고, 그래서 여성은 배란기 이외에도 또 임신 중에도 섹스를 하여 자신이 선택한 남성의 정자가 다른 난자에 뿌려지는 것을 막기에 이른 것이다.

그런데 임신시키는 것을 목적으로 하는 남성이 가진 종족번식이라는 수컷본능은 이미 임신한 여자와의 섹스보다는 아직 임신하지 않은 여자와의 섹스를 선호할 수밖에 없다. 따라서 여성은 섹스에 종족번식 이외에 다른 의미를 부여하여야만 했는데 그것이 바로 쾌락이다.

그래서 여성은 자신이 선택한 남성에게 쾌락을 주기 위한 섹스를 하기 시작했다. 그런데 남성이 사정을 하고 나면 더 이상 쾌락을 줄 수 없다 보니, 사정을 지연시킬 필요가 있었고, 그러기 위하여 여성은 남성보다 늦은 오르가즘을 가지고 그때까지 마음껏 쾌락을 느끼며 그것을 마음껏 표출하면서 남성을 유혹하여 남성의 정복욕을 자극하였다. 그러다 보니 남성의 섹스에는 종족보존 이외에도 여성을 만족시킨다는 목적이 생기게 되었고, 남성은 여성을 만족시키는 능력이야말로 남성이 가진 가장 큰 매력이고 능력인 것으로 착각하게 되었고, 이것은 곧 남성의 자신감으로 이어졌다. 그래서 지금도 많은 비뇨기과의 민망스러운 광고가 이런 착각에 빠진 남성들을 유혹하고 있는 것이다.

바로 이런 이유로 여성이 쾌락을 느끼게 된 것이고, 섹스를 통한 쾌락의 제공, 그러기 위해서 여성들이 느끼는 쾌락 이것은 생존을 위한 여성의 탁월한 선택이었던 것이다.

③ 쾌락을 추구하는 섹스를 하게 된 이유

생존조건 종족번식조건 모든 것이 다른 짐승들에 비하여 한없이 열악한 인간에게 있어서 임신 · 출산 · 육아의 과정은 고된 작업이었을 뿐만 아니라 생존에 커다란 위협을 가져오는 작업이기도 하였다. 그리고 어차피 낳아도 한 명이 고작이었다. 그러므로 다른 짐승들처럼 많은 아이를 낳아 기르게 되면 생존의 위협은 더욱 더 커질 수밖에 없었다. 그러다 보니 당연히 많은 아이를 낳아 기르기보다는 적은 아이를 낳아 제대로 기르는 것이 보다 효율적인 생존전략일 수밖에 없었다.

그런데 이러한 생존전략에는 남성과 여성의 유대관계가 전제되어야 한다. 그러므로 자연스럽게 종족보존을 위한 섹스보다는 쾌락을 추구하는 섹스를 하게 되었다. 그래서 여성은 남성에게 섹스로 쾌락을 제공하기 시작했고, 거기에 길들여지게 된 남성은 단순히 임신시키는 섹스보다는 쾌락을 쫓는 섹스를 더욱 선호하게 되었다. 그러다 보니 여성이 남성을 유혹할 때도 종족번식보다는 쾌락으로 유혹하게 된 것이다. 그래서 인간에게 있어서 섹스는 종족번식을 위한 수단보다는 남성과 여성의 유대관계를 높이고 또한 성적쾌락을 통한 서로의 성이 소통되는 커뮤니케이션의 수단이 되었던 것이다.

이렇게 섹스에 쾌락을 부여하였기에, 사람은 짐승에 비하여 한없이 열악한 임신 · 출산 · 육아의 생존조건을 극복할 수 있었다. 다시 말해서 성적인 쾌락, 그것은 행복한 가정의 원동력인 것이다. 그럼에도 불구하고 인류는 성적인 쾌락을 천시하였고 그 결과 쾌락을 추구하는 섹스는 어두운 곳으로 스며들어가 더욱 음침해지고 음란해졌다. 그러면 인류는 왜 성적인 쾌락을 천시하였을까?

④ 성적 쾌락을 천시하게 된 이유

열악한 생존조건을 가진 사람들은 서로 도와야 했고, 그러다보니 집단생활이 일반화되었다. 그러면서 도구와 불을 사용하게 되자 사람은 먹이사슬의 최강자로 부상하여 서서히 자신들의 세력을 넓혀나갔다.

이 세력을 저지하며 사람을 위협할 종은 이제 그 어디에도 존재하지 않게 되었다. 이러한 사람의 앞을 가로 막는 것은 오로지 사람뿐이었다. 그러다 보니 사람들끼리의 충돌이 시작되었다.

사람끼리의 충돌에서 가장 큰 힘은 인구수였다. 그러다 보니 씨족이나 부족국가가 출현하게 되었고, 이들이 살아남기 위해서는 많은 인구가 필요했다. 그래서 쾌락을 추구하는 효율적인 섹스보다는 종족번식을 추구하는 섹스를 더욱 필요로 해야 했다. 하지만 쾌락을 추구하는 섹스가 임신·출산·육아라는 고된 작업이 필요한 번식을 추구하는 섹스로 바뀌는 것은 그다지 쉬운 일이 아니었다. 그렇기에 많은 계몽 활동이 필요했다. 그래서 쾌락을 추구하는 섹스는 씨족이나 부족국가를 위협하는 요소로 여기고, 그런 섹스를 추구하는 사람은 자신들만의 쾌락에 빠져 단체를 생각하지 못하는 소인배로 취급되고 배척되었다. 따라서 씨족이나 부족을 통치하던 제사장들은 쾌락을 추구하는 섹스를 죄악시하고 천시하였던 것이다.

그 이후 씨족이나 부족국가는 더욱 강력한 힘을 가진 전제군주국가로 발전하게 되지만, 인구가 국력이라는 견해는 지속되어진다. 따라서 통치자와 제사장이 분리되어 종교와 정치가 분리되었음에도, 이미 종교의 우두머리인 제사장에 의하여 천시되어진 쾌락을 추구하는 섹스를 천시여기는 견해는 지속적으로 필요하게 되었다. 이러한 사정으로 인하여 인류는 정치적인 필요에 의하여 종교가 앞장서고 정치가 지원하는 형태로 쾌락을 추구하는 섹스를 천시하게 된 것이다.

그 결과 쾌락을 추구하는 섹스는 음지로 숨어들어 더욱 더 음란하고 더욱더 퇴폐적으로 변질되었으며, 섹스할 때에 느끼는 여성의 쾌락은 쾌락을 추구하는 섹스를 유도하는 것으로써 강력한 국가를 만들기 위해서 추방해야 할 음란한 것으로 간주되고 천시되었다. 이로 인하여 여성의 성적쾌락은 오랫동안 억압받았고, 그리고 이런 풍토는 지금까지도 지속되고 있는 것이다.

하지만 섹스할 때 느끼는 여성의 쾌락은 부부간의 유대관계를 증진시켜 부부의 사랑을 더욱 돈독히 해 주어 행복한 가정을 만드는데 초석이 된다. 따라서 쾌락을 추구하는 섹스, 나아가 여성의 성적쾌락은 존중받고 권장되어야 한다. 그렇다고 해서 음성적이고 퇴폐적이며 변태적인 섹스를 존중하여야 한다는 것은 아니다.

⑤ 남성과 여성의 성적쾌락의 차이

남성과 여성은 성욕이 다르듯 섹스를 하면서 느끼는 쾌락 역시 다른데, 여성의 쾌락은 자신이 선택한 남성을 유혹하여 다른 여성에게 빼앗기지 않기 위해 생겨난 것이어서, 자신이 선택한 남성과의 섹스에서만 쾌락을 느낄 수 있다. 다시 말해서 자신이 선택한 남성에게만 성욕을 느끼고 자신의 선택을 받아준 남성과의 섹스에서만 쾌락을 느낀다. 선택한 남성이란 보호받고 싶은 남성이고, 선택을 받아준 남성이란 그 남성에게 여성이 보호받고 있는 것이니, 여성은 보호받고 싶은 남성에게만 성욕을 느끼고, 그 남성이 보호하고 있다고 느낄 때, 그 남성과의 섹스에서만 쾌락을 얻을 수 있는 것이다. 또한 아무리 자신이 보호받고 싶은 남성이라 하더라도 보호받고 있다고 느끼지 못할 때, 또 아무리 보호받고 있어도 보호받고 싶은 남성이 아닐 때는 섹스에서 쾌락은 느낄 수 없다.

하지만 남성은 섹스 그 자체가 쾌락이다. 그래서 남성의 쾌락은 상대를 가리지 않고, 심지어는 강간을 당해도 쾌락을 느낄 수 있다.

다시 말해서 여성은 선택한 남성으로부터 존중받고 보호받고 있다고 느껴야 쾌락을 느낄 수 있고 남성은 성기를 자극하기만 하면 쾌락을 느낄 수 있다는 것인데, 이것은 곧 여성의 쾌락은 지극히 정신적인 것이지만 남성의 쾌락은 지극히 육체적인 것이라는 것을 말해주는 반증이라 할 수 있을 것이다.

이러한 차이와 여성의 쾌락은 선택한 남성을 유혹하기 위한 것이라는 사실을 모르기 때문에, 남성들은 성기를 오랫동안 골고루 자극해주어야 여성이 쾌락을 느낄 수 있다고 착각하고 테크닉연마를 운운하고 발기지속력이나 발기의 강도 그리고 성기의 크기를 중시하며, 또 섹스를 거부하여도 여성의 성기를 자극하면 쾌락을 더 느끼고 싶어 거부할 수 없게 될 것이며 심지어 강간을 하고도 여자가 쾌락을 느꼈을 것이라 착각한다.

하지만 보호와 존중을 받고 있다는 느낌이 없을 때, 이런 섹스는 여성에게는 쾌락은커녕 통증만 가져다주는 고통이다. 그런데 더 기가 막힌 사실은 그런 여성의 고통조차 남성들은 여성이 느끼는 쾌락이라고 착각한다는 것이다. 또 자신이 선택하지 않은 남성이 육체에 손을 대는 것만 가지고도 여성은 치욕을 느끼는데, 은밀한 부위를 자극한다면 여성은 자신의 성이 완전히 부정당하고 인격이 짓밟히는 경험을 하게 된다. 그러므로 강간은 살인과도 같은 행위이다.

그리고 남성과 여성의 섹스성향도 완전히 다른데, 여성은 서로의 공감대를 형성시키는 부드러운 스킨십을 선호하는 반면, 남성은 성기의 직접적인 자극을 선호한다. 그렇기 때문에 남성방식의 섹스는 여성에게는 통증이 될 수도 있고 여성방식의 섹스는 남성에게는 싱거움이 될 수도 있다.

6) 포르노의 폐해

이렇게 여성과 남성은 성욕도 쾌락도 섹스성향도 모두 다르다. 그럼에도 불구하고 포르노에서는 여성의 성적취향은 완전히 무시되고 있다. 그 이유는 멜로물만 가지고 여성의 성적취향은 충분히 만족되지만 남성들의 성적취향은 그것으로는 부족하기에 만들어진 것이 포르노이며, 포르노는 순전히 남성의 성적취향만을 만족시키기 위하여 만들었기 때문이다. 그렇기 때문에 포르노에 등장하는 여성은 오로지 남성의 성적취향을 만족시키기 위한 섹스도구에 불과하다.

이를테면 여성은 보호받고 싶은 남성에게 보호받는다는 느낌이 있어야 쾌락을 느끼는데, 그곳에서의 남성들에게 그런 의지는 보이지 않고 오로지 발정난 개처럼 달려들어, 여성의 몸을 너무도 거칠게 다루고, 심지어는 여러 명의 남성이 달려들기도 한다. 그런 상태에서는 아무리 상대가 사랑하는 남자라 하더라도 여성은 쾌락을 느낄 수 없는데도 포르노 속의 여성들은 쾌락을 느껴서 흥분하는 것처럼 묘사된다. 여성이 사랑받고 있다는 느낌은 자신이 사랑하는 남성이 자기를 특별한 존재로 인식하여 자기만을 보호하고자 할 때 느끼는 감정이어서, 복수의 여성이나 복수의 남성과 하는 그룹섹스에서는 자신이 존중받는 느낌을 받을 수 없고 또한 변태적인 섹스나 강간이나 수간에서는 절대로 쾌락을 느낄 수 없다. 그리고 여성은 방어적인 존재이기에 주변의 소리나 반응에도 민감하기에 조명이 켜지고 카메라가 돌아가고 다수의 스텝들이 있는 환경에서도 절대로 쾌락을 느낄 수 없다. 하지만 포르노 속의 그녀들은 강간당하면서도, 그룹섹스를 하면서도, 변태적인 섹스를 하면서도, 심지어는 짐승과 수간을 하면서도 쾌락을 느끼는 것처럼 묘사된다.

이 모든 것은 남성들의 성적취향이다. 남성들은 강간을 당하면서도, 남들이 보는 앞에서도, 남이 섹스하는 장면을 보면서도, 자위하면서도, 그룹섹스를 하면서도, 수간을 하면서도, 모형으로 만들어진 여성의 성기를 가지고도 쾌락을 느낄 수 있다. 그리고 더 큰 쾌락을 쫓아 변태적인 섹스도 추구한다.

그렇기에 포르노영상을 만드는 환경에서의 쾌락은 남성만이 얻을 수 있는 것이고, 그 속의 여성들은 이것은 순전히 남성의 성적취향에 맞추기 위한 연기라는 사실을 알아야 한다. 그리고 실제로 그 속의 여성들은 성적학대를 당하고 있다는 사실, 그렇기에 그런 환경에 노출되어진 경험이 있는 여성은 절대로 행복한 섹스를 할 수 없게 된다는 사실을 알아야 한다. 그럼에도 불구하고 그곳에 여성들은 단지 돈을 벌기 위하여 자신이 느끼는 치욕을 숨기고 연기할 뿐이다. 그렇기에 남성들은 포르노물을 보면 흥분하지만 여성들은 구토를 한다.

그런데 이런 포르노물이 남성들을 착각하게 하여 그런 섹스를 자신이 사랑하는 여성에게 시도한다. 그러면 본래 여성의 섹스의 목적에는 남성에게 쾌락을 주기 위한 것도 있기에 여성들은 지나치게 변태적인 것이 아니라면 받아들인다. 그리고 쾌락을 느낄 때도 있다. 하지만 이것도 한 두 번이지 결국에는 참지 못하고 섹스를 기피하게 된다. 그러면 남성은 사랑에 상처를 받게 되어 여성의 사랑에 상처를 입힌다. 이렇게 되면 서로의 관계는 소원해지고 단절로 이어져 결국은 섹스리스에 빠지게 된다. 이것이 포르노물이 가진 폐해이다.

그렇기에 포르노물을 접하는 남성들은 이러한 사실을 인지하고, 섹스하고 싶어 하는 욕구가 저하되었을 때 그것을 일으키는 용도 이외에 포르노를 사용하여서는 안 된다. 더욱이 성적인 지식이 없는 청소년기의 포르노물은 단지 유해할 뿐이다.

5. 남성과 여성의 커뮤니케이션

이처럼 남성과 여성은 신체적인 특성, 그리고 성적인 취향, 성욕이나 그것을 해소하는 방법, 나아가 쾌락을 느끼는 것까지 도대체 같은 곳이라고는 눈 씻고 찾아보려야 볼 수도 없을 정도로 다르다. 그 이유는 자체로만은 완전하지 못하여 종족을 번식할 수 없고, 서로가 서로의 부족한 부분을 메꾸기 위하여, 상대에게 없는 것만을 가지고 존재하는 것이 남성과 여성이기 때문이다. 그러므로 서로 대화가 통하지 않는 것은 너무도 당연하다. 하지만 남녀가 서로의 부족한 부분을 메꾸면서 살아야 종족번식이라는 임무를 수행할 수 있으니 소통을 안 하고 살 수는 없다. 그렇기에 우선 서로는 서로의 대화패턴을 알아야 할 필요가 있다.

우선 남녀가 서로 다른 대화패턴을 가지게 된 것은 아이를 낳고 키우는 과정에서 남자와 여자의 역할이 달랐기 때문인데, 남자가 양식을 구하러나간 사이, 여자는 홀로 스스로와 아이를 지켜내야만 했다. 따라서 어디선가 갑자기 나타나 생존을 위협할 요소들을 감지하기 위하여 신경을 여러 곳으로 분산시키고, 그것이 감지되면 바로 주변에 알려 도움을 청하고 생존의 시간을 최대한 늘려야 했다. 따라서 해결책

따위를 생각하고 움직일 겨를이 없었다. 반면 먹이를 구하러 나간 남자는 얼른 먹이를 구해서 여자와 아이들 곁으로 가야만 했기에 목표한 먹잇감은 정확하게 사냥하여야 했다. 그러다보니 성공할 확률이 높지 않으면 움직이지 않게 된 것이다. 따라서 움직이지 않고 해결책부터 생각하는 성향을 가지게 된 것이다.

　그렇기에 위험이 감지되면 여자들은 소리부터 지르지만, 남자들은 조용히 위험요소의 정체를 파악한다. 이러한 성향은 남녀의 대화패턴에서도 여지없이 드러나는데, 여자의 역할은 방어였기에 대화를 하면서 해결책을 찾는 대화패턴을 가지게 되었고, 남자의 역할은 공격이었기에 남자는 해결책을 찾아야 대화를 하는 대화패턴을 가지게 된 것이다.

　그래서 여자는 상대에게 해결책을 구하려고 대화하지 않는다. 자신이 해결책을 찾을 수 있도록 그냥 들어주고 맞장구만 쳐달라는 것이다. 그러나 남자들은 그녀들의 말을 들으며 해결책을 생각하면서 지속적으로 그 해결책을 제시한다. 하지만 여자들은 동의하기는커녕 문제점만 지적하는데, 그것이 남자에게는 동문서답으로 들린다. 이런 이해할 수 없는 여자들의 사고능력을 보며 한심하다는 생각이 들어 자신도 모르는 사이에 무시하는 발언을 쏟아놓고, 그러면 상처받은 여자는 화를 내고, 이제는 정작 대화 내용과 상관없는 말로 감정싸움을 시작하면서 서로에게 상처만을 안겨준다.

　남자도 역시 해결책을 구하려고 대화하지 않는다. 자신이 찾은 해결책에 동의할지 거절할지를 결정하라는 것이다. 그런데 여자들은 남자들이 찾은 해결책에 문제점을 지적하기 시작하는데 그렇다고 해서 특별히 자기 입장을 분명히 하는 것도, 새로운 해결책을 제시하지도 않는다. 그러다보니 남자들은 동의를 하는 것인지 거절을 하는 것인지 도대체 알아차릴 수가 없게 된다. 이런 이해할 수 없는 여자들의 사고 능력에 답답함을 느낀 남자가 또 무시하는 발언으로 상대의 인격을 모욕하고, 그러면 또 감정싸움으로 번져 서로에게 상처만 주면서 대화는 끝난다.

이런 식의 대화를 지속하면서 서로는 서로가 도저히 정상적으로는 대화할 수 없는 상대임을 확인하고, 서서히 서로에게 마음을 닫아가면서, 남자들은 모든 것을 일방적으로 결정하고 상의하여 결정할 일은 포기하고 여자가 하는 대로 그냥 내버려둔다. 그러면서 결혼을 다른 의미에서 이 세상에서 자기와 의견이 가장 맞지 않는 생명체와의 만남이라고도 정의한다.

그러면 어떻게 해야 할까? 우선 남자는 여자와 대화할 때, 그리고 여자는 남자와 대화할 때 사람과 대화를 한다고 생각해서는 안 된다. 왜냐하면 남자에게 있어서 사람은 남자뿐이고, 여자에게 있어서 사람은 여자뿐이기 때문이다. 따라서 남자는 여자와 대화할 때 지금 자신이 사람과 대화하고 있는 것이 아니라 여자와 대화하고 있다는 사실을 알아야 하고, 여자는 남자와 대화할 때 지금 자신이 사람과 대화하고 있는 것이 아니라 남자와 대화하고 있다는 사실을 알아야 한다. 그리고 남자들은 부인과 대화할 때 동의나 거절의 결정권은 형식적으로만 부여하고, 그녀가 문제점을 지적하도록 내버려두어야 한다. 그리고 참고할 것만 챙기고 그녀에게 반드시 보호할 것이니 믿고 자신의 의견에 따라 줄 것을 부탁하면 된다.

그러면 서로는 분명히 소통할 수 있을 것이다.

6. 임신과정에서 제기되는 문제들

이렇게 해서 결혼생활에서 직면할 문제들에 대한 해법을 구하기 전에 문화의 충돌과 성의 충돌에 대한 것들 그리고 그것들에 대한 어느 정도의 해결책들에 대하여 언급하였으니, 이제부터는 이것을 바탕으로 결혼생활에서 직면할 문제들의 해법을 생각해 보기로 하겠다.

그러면 임신과정에서는 어떤 문제들에 직면하게 될까? 첫 번째는 배우자 선택에 관한 문제일 것이다. 다시 말해서 여성은 누구의 아이를 임신할 것인가이고, 남성은 누구에게 임신시킬 것인가이다. 그리고 두 번째는 배우자로 선택되어졌지만 아직 남편이 되지 못한 남성과 아내가 되지 못한 여성의 갈등이라는 문제에 직면하게 될 것이다.

1) 배우자 선택에 관한 문제

누구의 아이를 임신할 것인가 그리고 누구에게 임신시킬 것인가는 상당히 중요한 문제이다. 왜냐하면 잘못된 선택은 인생의 대부분을 차지하는 결혼생활을 불행하게 만들 것이기 때문이다.

그러면 여자는 누구의 아이를 임신하여야 할까? 우선 첫 번째로는 평생 데이트하고 싶은 남성이어야 하고, 두 번째는 자신에게 호감을 느끼며 존중하고 보호해주는 남성이어야 하고, 세 번째로는 출산과 육아의 전 과정을 함께 할 능력이 있고 또 그렇게 할 의사가 충분히 있는 남성이어야 한다.

그러면 남자는 누구에게 임신시켜야 할까? 우선 첫 번째로 자신의 보호를 받고 싶어 하는 여성이어야 하고, 두 번째로 자신에게만 보호를 요청한 여성이어야 하고, 세 번째로 평생 섹스하고 싶은 여성이어야 한다.

그리고 선택하는 과정은 여성은 선택하는 성이고 남성은 선택을 받는 성이니, 우선 여성이 먼저 선택하고 그것을 남성이 진지하게 받아들여 선택하는 것이 가장 바람직하다. 그 이유는 여성이 호감을 가지고 있지도 않음에도 불구하고, 일방적으로 구애하며 스토커처럼 행동한다면 자신의 욕구만을 우선시 하여 여성을 존중할 줄도 보호할 줄도 모르는 사람이기에 이런 남성과는 결혼해도 결코 행복할 수 없고 또 설사 그렇지 않고 열심히 지켜주고 보호해 주는 남성이라 하더라도 매력을 느낄 수 없다면 행복을 느낄 수 없는 것이 여성의 특징이기 때문에 그런 여성과의 결혼생활은 남성 역시 행복할 수 없다. 따라서 여성은 자신이 호감을 가지지 않은 남성이 오해할만한 행동을 해서는 안 되며, 남성들은 이런 여성을 조심해야 한다.

그리고 여성은 혼전섹스를 신중히 생각해야 하는데, 여성이 호감을 표시하면 남성은 그것을 확인하기 위하여 섹스를 요구하기에, 보호하지 않을 여성은 섹스를 해도 보호하지 않고 보호할 여성은 섹스를 하지 않아도 보호하지만, 섹스로 남성을 유혹하는 여성을 선택할 남성은 어디에도 없기 때문이다. 설사 섹스로 선택받았다 하더라도 그 정도의 남성은 남편감으로 불충분할 뿐만 아니라 존중받거나 보호받으며 선택된 것이 아니기에 결코 행복한 결혼생활을 할 수 없다.

따라서 여성은 매력적인 남성이 섹스를 요구해 오면, 매력이 있음은 분명히 하지만 상대의 의도가 확인되지 않았기에 섹스에 응할 수 없다는 의사 역시 분명히 하고 거절할 줄 알아야 한다. 그런 의사를 분명히 하였음에도 불구하고 끊임없이 섹스를 요구하는 남성이라면 자신이 보호받고 있지 못하다는 증거이니, 다른 사람을 찾아야 한다.

그리고 남성은 여성이 호감을 나타내면 섹스하기 전까지는 자신에게 상대를 보호할 의사가 있는지 없는지 혼란스럽기 마련이며, 심지어는 섹스에 대한 욕구로 인하여 보호할 의사가 있는 것처럼 느껴질 수도 있다. 따라서 섹스를 하였다 하여 반드시 상대를 책임져야 한다는 생각을 가질 필요는 없다. 하지만 섹스가 가진 쾌락으로 인하여 색정에 빠져 버린다면 보호 받을 의사가 없는 여성의 유혹도, 자신이 상대를 존중하고 보호할 의사가 있는지의 여부도, 또한 자신이 존중하고 보호할 수 있는 상대인지 조차도 구분하지 못한 채 불행한 생활을 할 수도 있다.

그러므로 혼전관계는 여성뿐만 아니라 남성에게도 신중해야 할 문제다.

2) 아직 남편이 되지 못한 남성과 아내가 되지 못한 여성의 갈등

여성이 임신하고 싶은 남성을 선택하고, 남성이 그 선택을 존중하여 임신 · 출산 · 육아의 전 과정을 함께하면서 보호하고 지켜줄 의사를 분명히 하면, 남성은 남편이 되고 여성은 아내가 되어 부부가 탄생된다.

이 때 남편은 아내에게만 남성이어야 하고 다른 여성에게는 더 이상 남성이면 안 되며, 아내는 남편에게만 여성이어야 하고 다른 남성에게는 더 이상 여성이면 안 된다. 그렇지 못한 것은 서로를 존중하지 않고 무시하고 희생을 강요한 것이 된다. 하지만 남편과 아내가 아직 익숙하지 않은 상태여서 총각과 처녀일 때의 습관으로 인하여 자신도 모르게 상대가 이런 느낌을 느낄 수 있는 행동을 할 수도 있다. 이것을 알아차렸을 때는 미안하다고 하여야 하며, 또 상대가 몸가짐을 조심스럽게 하면서 자신을 배려한다면 고마워해야 한다. 그리고 미안함과 고마움을 표현하지 않으면 미안한 것도 아니고 고마운 것도 아니라는 사실을 알아야 한다.

게다가 더욱 중요한 것은 섹스인데, 여성은 자신이 선택한 남성이 아니면 성욕을 느낄 수 없고, 또한 그 남성으로부터 보호받고 있다는 것을 느낄 수 없다면 쾌락도 느낄 수 없으며, 여성의 성욕은 같이 데이트하는 것으로 해소된다는 것을 남편이 알고, 항상 부인을 존중하고 보호하려는 마음을 가지고 쇼핑을 하거나 여행을 가거나 문화생활을 즐기는 데이트를 하는 시간을 많이 가져야 한다. 그리고 남성의 성욕은 실질적인 섹스를 하여야 해갈된다는 것을 아내는 알고, 보다 적극적이고 주도적인 섹스로 남편의 성적쾌락을 위하여 노력하여야 한다. 따라서 데이트는 즐기면서 섹스에는 소극적인 아내, 섹스는 즐기면서 데이트에는 소극적인 남편이 되어서는 안 된다.

그리고 결혼이란 자신의 부모와의 관계가 관계의 근본기둥이었던 남성과 여성이 만나는 것인데, 결혼하면 그것이 남편과 아내의 관계가 근본기둥으로 바뀌어야 한다. 하지만 오랫동안 살아왔던 습관으로 인하여 충돌하게 된다.

　우선, 한 집에서 생활하며 부딪치는 문화의 충돌은 서로가 서로를 존중하고 이해하며 두 사람만의 새로운 문화를 만들어가면서 극복해야 하나, 아내에게는 시댁이 남편에게는 처가가 낯설다. 또 가족의 문제가 되면 아직 관계의 근본기둥이 바뀌지 않은 탓으로 아내에게 시댁은 남편식구들이고 남편에게 처가는 아내식구들이다. 이렇게 인식되어지는 것이 당연하다는 사실을 서로 인정하고, 아내는 시댁식구를 남편은 처가식구를 자신들의 식구로 받아들이고자 노력해야 한다. 그러기 위해서 남편은 시댁식구들 앞에서 아내를 보호하고 지켜주어야 하며, 아내는 처가식구들 앞에서 남편을 보호하고 지켜주어야 한다. 보호하고 지켜준다는 것은, 남편은 시댁의 문제로 자신의 아내가 아이를 낳고 키우는 것에 지장이 없도록 하여야 하고, 아내는 처가의 문제로 아이 낳고 키우는 자신을 지키는 남편이 자신을 보호하는 일에 지장이 없도록 하여야 한다. 다시 말해서 시댁이나 처가의 일이 부부생활보다 우선시 되어서는 안 된다는 것이다.

7. 출산과정에서 제기되는 문제들

그러면 출산과정에서는 어떤 문제가 제기될까? 출산이란 아이를 낳는 과정이다. 그것은 부부의 관계만이 존재하던 곳에, 부모라는 새로운 관계가 탄생되어가는 과정이다. 이 과정에서 생길 문제는 아직 부모가 되지 못한 부부의 충돌, 새로 생긴 부모관계로 인하여 소홀해진 부부관계로 인한 충돌일 것이다.

1) 아직 부모가 되지 못한 부부의 충돌

아버지가 되지 못한 남편과 어머니가 되지 못한 아내란, 태어날 아이의 부모로서 서로에게 해야 할 요청은 없고 부부로서의 요청만이 있는 상태인데, 태어날 아이의 아버지로서의 요청은 뱃속에 있는 자신의 아이를 잘 지키고 보호해달라는 것이고, 태어날 아이의 어머니로서의 요청은 아이가 무사히 출산할 수 있도록 아이와 자신을 끝까지 지키고 보호해달라는 것이다. 하지만 남편의 요청은 결국 자신이 보호하고 지킬 수 있도록 하라는 것이고, 아내의 요청은 지속하여 자신을 보호해달라는 것이다. 다시 말해서 부모의 요청은 아이를 보호하고 지켜달라는 것인데, 부부의 요청은 남자와 여자로서의 요청을 존중하라는 것이다. 따라서 아직 아버지가 되지 못한 남편과 어머니가 되지 못한 아내의 충돌이란 아이를 지켜달라는 아이에 대한 부모의 요청이, 때로는 아내가 보호를 받으려 하지 않고 또한 남편이 보호하려 하지 않는 것으로 오해되어질 수 있어서 일방적인 희생을 강요하는 요청으로 받아들여져 일어나게 되는 충돌이다.

그런 오해는 부부의 관계와 부모와 자식과의 관계가 어떻게 다른지 몰라서 생기는 것으로, 그 차이를 이해하기 위해서는 우선 '여기'라는 공간에 대한 이해가 선행되어야 한다. 여기란 내가 중심이 되어 너와 관계를 맺고 있는 공간으로, 우리가 존재할 수 있는 공간은 여기뿐이다. 그런데 내가 남편이나 아내라면 너는 아내나 남편이 될 수 있어서 여기라는 공간이 성립되지만, 내가 부모라면 너는 아이이지, 어머니나 아버지도, 남편이나 아내도 될 수 없기에 여기라는 공간은 성립될 수 없다. 다시 말해서 부부는 여기라는 공간에서 존재할 수 있지만 부모는 그럴 수 없다는 것이다. 이것은 곧 부모가 만날 수 있는 것은 아이이기 때문에 어머니와 아버지는 서로 만날 수 없다는 것을 의미한다.

그러므로 남편과 아내는 서로 소통할 수 있지만 아버지와 어머니는 아이를 경유해서만 소통할 수 있다. 따라서 상대에게 할 수 있는 요청은 아이를 잘 돌보고 키우라는 것뿐이니 부모는 서로가 상대와 아이와의 관계의 상태를 항상 점검하고 감시하는 관계일 수밖에 없다.

따라서 부부관계가 아무리 좋아도 부모는 아이가 상대에게 보호받고 있지 못하다고 느껴지면 언짢은 느낌이 들 수도 있어서 상대를 공격하고 무시하고 상대에게 희생을 강요할 때도 있을 수 있다. 하지만 부부관계와 부모관계의 차이를 구분한다면 부모관계로 인하여 부부관계가 상처 받는 일은 막을 수 있다.

2) 새로 생긴 부모관계로 인하여 소홀해진 부부관계로 인한 충돌

그 다음으로 생각해 볼 수 있는 것은 새로 생긴 부모관계로 인하여 소홀해진 부부관계가 원인이 되어 발생하는 충돌이다. 임신에서 출산의 과정에 있어서 모든 것이 아이가 중심이 되어, 남편과 아내의 요청이 서로에 의하여 묵살되는 경우를 말한다.

부모의 요청은 아이를 잘 지키고 보호하라는 것이지만, 부부의 요청은 사랑에 대한 확인이다. 아내에게는 남편이 자신을 존중하고 보호하고 있다는 느낌이 사랑이고, 남편에게는 아내가 자신을 멋있게 생각하고 좋아하는 느낌이 사랑이다. 그래서 아내는 남편에게 무리한 부탁이나 요구를 하면서 남편이 자상하고 관대하게 응하는지 여부를 확인하려 하고, 남편은 아내에게 지속적인 스킨십을 요구하며 아내가 자신과의 스킨십을 좋아하는지 여부를 확인하려 한다. 왜냐하면 이렇게 함으로써 사랑이 확인되기 때문이다.

따라서 임신과 출산과정에 있어서 남편은 아내에게 더욱 자상하게 대해야 하고, 부인은 남편의 섹스에 대한 요구에 대해서도 아이에게 지장이 없는 한 성심껏 응하려고 노력함으로써 이런 충돌은 극복할 수 있다.

8. 육아과정에서 제기되는 문제들

1) 어머니와 아버지의 충돌

　남성과 여성의 구분은 종족을 번식하기 위하여 생겨난 것이어서, 서로가 섞이지 않으면 종족번식의 임무는 결코 달성될 수 없다. 하지만 섞인다고 해서 섞여서 중성이 되는 것은 아니다. 차라리 더욱 철저하게 남성과 여성인 채로 있으면서 그 성이 가진 성향이 부여한 자신의 임무를 수행해야 한다. 육아 과정에 있어서, 육아의 전반을 책임져야 하는 여성은 아이를 돌보아야 하기 때문에 먹이를 구하고 자신을 지키는 것이 어려워질 수밖에 없다. 따라서 이 부분은 남성이 메꿔 주어야 한다. 그렇기에 여성의 성향은 방어적이고 남성의 성향은 공격적일 수밖에 없다. 이런 각자의 성향을 가지고 여성은 남편을 지키고 자식을 기르며 남성은 부인을 지키고 자식을 기르는 것이다.

　그러다 보니 이러한 여성의 성향이 가지고 있는 부드러움과 포용력은 아이들에게 안심과 편안함을 주면서 의심과 두려움을 가르치고, 이러한 남성의 성향이 가지고 있는 강인함과 이기심은 아이들에게 불안과 불편함을 주면서 믿음과 용기를 가르친다. 이렇게 해야 브레이크인 의심과 두려움을 장착하고 믿음과 용기라는 엑셀을 밟으며 인생을 살아갈 수 있는 사람을 탄생시킬 수 있는 것이다.

따라서 남성의 성향을 가진 아버지와 여성의 성향을 가진 어머니는 육아의 과정에 있어서 그 역할이 아주 다르다. 그리고 나아가 앞에서 말했듯이 둘은 서로 아이를 매개체로 해야만 만날 수 있다. 따라서 서로는 서로가 자기 역할을 잘 수행하며 아이를 잘 키우는지 여부를 감시하는 사이이다.

이렇게 성향이 다르고 역할도 달라 서로를 감시하며 서로의 의견과는 상반되게 아이의 욕구를 충족시켜주는 관계인 아버지와 어머니의 갈등은 없어서는 안 되는 요소다. 따라서 이 갈등은 당연한 것임을 아버지와 어머니는 알아야 한다. 그리고 그것이 부부의 갈등으로 이어지지 않도록 조심하여야 한다.

2) 아내와 남편의 충돌

앞에서 정의하였듯이 결혼생활은 아이를 낳고 키우는 과정이다. 그 중 가장 길게 느껴지며 힘든 시간이면서도 즐겁고 행복하며 추억이 가장 많은 기간은 육아기간이다. 이 때 부부는 경제적인 문제로, 자녀의 교육문제로, 집안의 친척들 문제로 갈등을 일으킨다. 그런데 아무리 조심해도 그것이 부부의 갈등으로 옮겨지는 것은 막을 수 없다. 그렇다고 해서 그것을 그냥 방치하면 부부관계는 치명적인 상처를 입게 된다. 그렇다면 이와 같은 부부 외의 갈등이 부부갈등으로 옮겨 왔을 때 어떻게 대처하여야 상처 받은 부부관계를 치유할 수 있을까?

우선 집안의 친척들로 인하여 생긴 갈등은 근본관계가 부부관계로 제대로 정립되었다면 어느 정도는 해결될 수 있다. 다시 말해서 시집의 일로 생긴 문제는 남편이, 친정의 일로 생긴 문제는 아내가 방패가 되어 준다면, 그리고 남편은 아내가 또 아내는 남편이 다른 이들로부터 무시당하거나 희생을 강요당하지 않도록 지켜준다면 부부갈등으로 이어지지 않을 것이다. 그러므로 이렇게 서로를 지켜주었는가를 점검하는 것으로 상처는 어느 정도 치유될 수 있을 것이다.

그 다음에 자녀문제로 인하여 생긴 갈등이라면, 이런 갈등은 당연한 것으로 알아야 하고, 서로의 요구사항이나 주장이 아이를 중심으로 하고 있는지의 여부를 점검한 후 상대의 입장에서 생각해 보면 이런 갈등은 생기지 않을 것이다. 따라서 이런 부분을 점검하는 것으로 상처는 어느 정도 치유될 수 있을 것이다.

그리고 경제적인 문제로 인한 갈등의 대부분은 남녀의 커뮤니케이션의 방식에 대한 충돌로 인하여 생겨난 사랑의 상처로 인한 갈등이다. 그것이 단지 경제적인 문제로 인한 갈등인 것처럼 보일 뿐이다. 여성은 보호받기 위해 남성을 선택한다. 그렇기에 보호받지 못한다고 느끼면 여성의 사랑은 상처를 입는다. 그리고 남성은 보호하기 위해 여성을 선택한다. 그런데 복종하지 않으면 보호할 수 없다. 따라서 여성이 복종하지 않는다면 남성의 사랑은 상처를 입게 된다. 그런데 남성은 결론을 내려야 대화를 시작하기 때문에 여성에게 듣고자 하는 대답은 복종할 것인지의 여부이고, 여성은 결론을 찾기 위하여 대화를 시작하기 때문에 남성에게 단지 수다상대가 되어주기만을 바라며 어떤 결정도 요구하지 않는다는 것이다. 그런데 이렇게 서로 다른 커뮤니케이션의 패턴으로 인하여 서로는 사랑에 상처를 입게 된다는 것이다. 따라서 서로가 다른 커뮤니케이션의 패턴이 있음을 인정하고, 아내는 남편이 지켜주려 했는지 여부를, 그리고 남편은 아내가 복종하였는지 여부를 점검하여야 할 것이다. 이와 같은 방법으로 서로의 상처를 어느 정도 치유할 수 있다.

하지만 이와 같은 방법으로 이성적으로는 서로의 사랑을 확인할 수 있지만 그렇다고 해서 감정적인 부분까지 반드시 그것을 느낄 수 있는 것은 아니다. 따라서 이와 같은 것이 선행되어진 후에 서로는 가슴으로까지 그것을 느낄 수 있도록 하여야 하는데, 그렇게 할 수 있는 것이 바로 섹스이다.

그런데 알아야 할 것은, 여성의 섹스는 데이트이고 남성의 섹스는 육체를 섞는 것이다. 따라서 남편은 아내와 같이 식사나 다과 또는 쇼핑이나 문화생활 등을 통하여 여성의 욕구를 충족시켜주고, 아내는 침대에 들어가 적극적인 섹스를 통하여 남편의 욕구를 충족시켜주어야 한다.

3) 부부의 섹스

섹스의 목적은 분명히 종족보존이다. 따라서 쾌락을 추구하는 사람의 섹스는 종족보존의 임무를 더욱 충실히 수행하기 위하여 시작된 지혜의 산물이다. 그러나 남성보다 가치 있는 성인 여자의 성은 이러한 섹스로 인하여 더욱 더 약탈당하고 희롱당할 위험이 높아졌다. 그리고 여성은 선택하는 성이기에 선택하기까지는 신중할 수밖에 없다. 따라서 첫 섹스는 수동적일 수밖에 없다. 그러나 선택 받는 성인 남성의 섹스는 선택을 확인하기 위하여 저돌적이고 능동적일 수밖에 없다. 하지만 섹스로 선택이 확인이 되면 남성의 수컷 본능은 다른 섹스파트너를 찾아 나서기 때문에 현재 섹스파트너와의 섹스는 수동적으로 변한다. 그러므로 자신이 선택한 남성을 지키려는 여성의 섹스는 쾌락을 추구하는, 보다 적극적인 섹스로 바뀌어야 한다. 여기에 아내의 섹스가 보다 적극적으로 변해야 할 필요가 있다.

부부의 사랑이란 노력이다. 그 중 가장 중요한 것은 섹스이다. 따라서 부부가 섹스를 해야 할 타이밍은 서로가 사랑을 느낄 때, 그리고 자신이 외롭거나 상대가 외로워 보일 때 또는 상대를 위로하고 싶을 때이다. 이 때 남편이 아내를 위한 섹스는 데이트이며 스킨십은 노골적이지 않고 가벼워야한다. 그리고 아내가 남편을 위한 섹스는 침대로 들어가는 것이며 성적쾌락을 얻기 위한 보다 적극적이고 노골적인 것이어야 한다. 다시 말해서 상대의 취향에 맞춘 섹스이어야 하는 것이다.

그 다음 가장 중요한 타이밍, 다시 말해서 반드시 섹스해야 할 때는 상대가 미울 때이다. 미운 이유는 사랑에 상처를 받았기 때문이다. 그런데 남성은 섹스를 해야 사랑이 확인되어 상처가 치유되고, 여성은 사랑이 확인되고 상처가 치유되어야 섹스를 할 수 있다. 그래서 상대가 미울 때도 남성은 섹스가 가능하지만 여성은 불가능하다. 따라서 남성이 무작정 섹스를 시도하면 여성은 남성이 자기의 욕구를 충족시키기 위하여 자신에게 함부로 하는 것으로 느껴 더 큰 상처를 받게 된다. 그렇기에 이 때 남편은 대화를 통하여 아내의 상처를 보듬고 존중하고 있음을 인식시키도록 하여야 하고, 아내는 대화를 시도하며 접근하는 남편을 받아주도록 노력하여야 한다. 그래서 아내의 상처가 치유되었을 때 남편은 섹스를 시도하고 아내는 그것을 받아 들여 남편의 상처를 치유해 주어야 하는 것이다.

또한 남편의 섹스 요구는 스스로가 아직 자신의 아내와 아이들을 지킬 자신감이 있음과 아내의 선택이 바뀌지 않았음을 확인하기 위한 것이다. 만약 확인할 자신감조차 없다면 남편은 아내의 섹스 요구가 두렵게 느껴진다. 그렇기에 남편의 섹스요구를 아내는 될 수 있는 한 흔쾌히 응할 줄 알아야 한다. 또한 남편의 섹스요구를 아내가 거절하는 이유는 남편으로부터 존중받거나 보호받지 못했다고 느끼기 때문이다. 따라서 아내가 섹스를 거절한다면 남녀의 성에 대한 차이를 생각해보고 아내를 존중하거나 보호하지 않은 행위가 있는지 여부를 따져봐야 한다.

　여성의 성욕은 데이트로, 남성의 성욕은 침실 속에서 해갈된다. 따라서 아내는 사랑의 표현으로 성감대가 있는 곳을 자극하는 것을 좋아하지 않는다. 하지만 남편은 그렇게 하지 않으면 싱거워한다. 그러므로 아직 자고 있는 아내를 깨울 때는 이마에 키스정도가 좋고 남편을 깨울 때는 직접적인 터치를 하는 것이 좋은 줄 알아야 한다. 그래서 남편을 달래주기 위하여 집안을 청소하고 맛있는 음식을 준비하면서 깜짝 이벤트를 준비할 것이 아니라 침실로 들어가 보다 자극적인 섹스를 하는 편이 효율적이며, 아내를 달래주기 위하여 스킨십을 시도하며 자극적인 섹스를 하려고 할 것이 아니라 아내가 감동할 만한 깜짝 이벤트를 준비하는 것이 보다 효율적인 것임을 알아야 한다.

9. 부부의 덕목

결혼은 남자와 여자가 하는 것이다. 그런데 결혼을 하게 되면 남자는 없어지고 남편이 되어야 하고, 여자는 없어지고 아내가 되어야 한다. 그런데 남성과 여성이 사라지면 안 된다. 남편은 아내 앞에서 철저히 남성이어야 하고, 아내는 남편 앞에서 철저히 여성이어야 한다.

그러나 남편은 아내가 내 여자라고 생각하면 안 된다. 그리고 아내는 남편이 내 남자라고 생각하면 안 된다. 그 대신 남편은 자신이 아내의 남자라고 생각해야 하고 아내는 자신이 남편의 여자라고 생각해야 한다. 다시 말해서 상대의 성을 소유하려 하지 말고 자신의 성을 상대에게 주어야 한다.

부부지간에 부부관계를 지속시키는 가장 큰 덕목은 믿음이 아니라 사랑이어야 한다. 아내는 내 남편이 우월한 유전자를 가졌다고 생각하여 선택하였으므로 다른 여성들도 호시탐탐 노리고 있다는 사실을 알아야 한다. 그리고 또 수컷이 가진 본성이 그 유혹을 뿌리칠 수 없다는 것이 현실이라는 사실을 직시하여야 한다. 또한 내 아내가 가진 암컷이라는 본성은 우월한 유전자에는 물불가리지 않고 유혹한다는 것이 현실임을 알아야 한다. 따라서 언제라도 나보다 더 우월한 유전자를 만나면 나를 떠날 수 있다는 사실을 직시하여야 한다. 따라서 서로 항상 긴장하고 서로를 위하여 기꺼이 희생하며 살아야 한다. 다시 말해서 사랑을 해야 한다. 그러나 서로에게 믿음이 생겼다는 것은 서로 매력을 느끼지 못하게 되었음을 의미하는 것이다. 만약 믿음이 생겼다면 위험해졌음을 인식해야 한다.

이렇게 남편과 아내 즉 부부라는 관계를 지탱하여 주는 덕목은 자발적인 희생 즉 사랑이다. 그런데 그 사랑의 내용은 다르다. 아내가 남편에게 느끼는 사랑은 존중과 보호이다. 즉 아내는 남편이 자신을 존중하고 보호하기 위하여 자발적인 희생을 하면 사랑을 느낀다. 반면에 남편이 아내에게 느끼는 사랑은 변함없는 선택, 즉 항상 자신을 매력적인 사람으로 보고, 그러한 사람을 다른 여자에게 빼앗기지 않기 위하여 자발적인 희생을 하면 사랑을 느낀다.

이러한 사랑이 없다면 결혼생활은 지속될 수 없다. 그렇기에 부인이 자신을 선택하지 않고 있다면, 남편이 자신을 존중하지 않고 보호할 의사가 없다면 지체 없이 이혼하여야 한다. 이혼할 각오가 없다면 행복한 결혼생활도 없다. 사랑하는 부부, 이것보다 자식들에게 더 좋은 양육환경은 없다.

제 5 장
죽음
(死)

이렇게 해서 인생의 여정에 있어서 성인이 되고 결혼하여 아이 낳고
키우는 것에 대하여 알아보았다. 이제 남아있는 여정은 부모님의 죽음을 맞이하고
자신이 죽는 것이다. 그래서 이제 이것에 대하여 이야기하고자 하는데,
이것의 공통된 테마는 죽음이다. 그렇기에 우선 죽음이 무엇인지에 대하여
알아보고자한다.

죽음이란 무엇인가?
이 세상에 존재하는 모든 것은 생물과 무생물로 나뉘는데, 생물(生物)이란
말 그대로 살아 있는 물질이고 무생물(無生物)은 살아 있지 않은 물질이다.
생물의 물질은 신진대사를 하고 성장을 하고 자극에 반응하며 자가 치유의
능력이 있고 종족을 번식한 후 일정한 기간이 지나면 죽음을 맞이한다.
그러나 무생물의 물질은 신진대사도 성장도 자극에 대한 반응도 자가 치유능력도
없으며 종족을 번식할 수도 없고 죽음도 없다. 이것이 이 두 물질의 차이다.
따라서 죽음이란 생물에게만 있는 현상으로, 생물의 물질이 신진대사도 성장도
자극에 대한 반응도 자가 치유나 종족을 번식할 능력도 모두 사라져
무생물의 물질처럼 되어버린 상태를 말한다.
그러면 생물의 물질은 왜 무생물의 물질과 다르게 이런 능력이 있는 것일까?
그것을 사람들은 생물의 물질에는 비물질적이면서도 그러한 능력을 갖게 하는
무엇인가가 깃들어 있기 때문이라고 생각했다. 그런 생각에 의하면
죽음이란 생물의 물질에 깃들어 있던 그 비물질적인 무엇인가가 빠져나가는 현상이다.
그렇다면 그것은 무엇이며 죽은 후에 그것은 어떻게 되는 것일까?

1. 영혼과 사후세계

1) 영혼

생물의 물질에 깃들어져서 물질에 삶을 부여한다는 비물질적인 그것을 일반적으로 마음·정신·영혼·영가·귀신·넋·얼·혼백 등 다양한 용어로 표현한다.

이 단어들의 사전적 의미를 살펴보면 다음과 같다. 마음이란 사람이 다른 사람이나 사물에 대하여 감정이나 의지·생각 따위를 느끼거나 일으키는 작용이나 태도이며, 정신이란 첫째 육체나 물질에 대립되는 영혼이나 마음, 그리고 둘째는 사물을 느끼고 생각하며 판단하는 능력, 또는 그런 작용이다. 그리고 영혼이란, 첫째 죽은 사람의 넋, 둘째는 육체에 깃들어 마음의 작용을 맡고 생명을 부여한다고 여겨지는 비물질적 실체, 셋째는 가톨릭의 용어로 신령하여 불사불멸하는 정신이다. 그리고 영가란 불교에서 말하는 영혼이다. 그리고 귀신이란 사람이 죽은 뒤에 남는다는 넋이다. 그리고 넋은, 첫째는 사람의 몸에 있으면서 몸을 거느리고 정신을 다스리는 비물질적인 것으로 몸이 죽어도 영원히 남아 있다고 생각하는 초자연적인 것, 둘째는 정신이나 마음이다. 그리고 얼이란 정신의 줏대이다. 그리고 혼백이란 넋으로서 사람의 몸에 있으면서 몸을 거느리고 정신을 다스리는 비물질적인 것으로 음양론을 근거로 한 것이다.

이렇게 보면 마음 · 정신 · 영혼 · 영가 · 귀신 · 넋 · 얼 · 혼백은 다 같은 뜻을 가진 동의어임을 알 수 있다. 단지 정신이나 마음은 살아 있는 생물의 물질에 깃들여져 있는 것으로 한정되어 사용되며, 영혼이나 영가나 귀신은 죽은 상태의 생물의 물질과 분리되어서 존재하는 상태를 지칭하는 것으로 한정되어 사용하고, 넋 · 얼 · 혼백은 살아서 몸과 마음을 다스리고 죽어서는 남아 있는 것으로 사용되고 있는 것 같다.

그런데 살아 있는 생물의 물질에 깃들여 있다는 정신과 마음의 존재는 생물 그 자체가 생명활동을 입증하는 것이기에 따로 논할 필요가 없다. 그러나 죽어있는 생물의 물질에서 분리되어진 영혼 · 영가 · 귀신의 존재는 입증되어진 바가 없기 때문에 논해볼 필요가 있다.

2) 영혼과 사후세계

① 임사체험과 임종시체험

죽은 후 육신과 떨어져서 존재한다는 영혼의 존재의 유무, 그리고 죽은 후에 나타난다는 사후세계의 존재여부를 알아보기 위하여, 참고할 수 있는 자료는 임사체험(臨死體驗)이나 임종시체험(臨終時體驗)일 것이다. 임사체험이란 죽음을 경험하였다고 주장하는 사람들의 체험, 즉 의학적으로는 죽음이 선고되었음에도 불구하고 다시 소생한 사람들의 체험이고, 임종시체험이란 죽어가는 사람이 죽기 직전에 증언한 내용이다.

여기에 대한 학문적인 연구는 1970년경부터 시작되어 지금은 심리학자 · 정신신경과의사 · 뇌생리학자 · 종교학자 · 문화인류학자 · 철학자 등 다양한 방면의 학자들이 관심을 가지고 연구하고 있다. 이러한 연구들에 의하면 많은 임사체험과 임종시 체험의 사례들을 접할 수 있는데, 우선 임사체험의 사례들을 보면 강을 보았다거나, 꽃밭을 걸었다거나, 죽은 사람을 만났다거나, 빛을 보았다거나, 저승사자를 만났다거나, 염라대왕의 앞에 끌려가 심판을 받았다거나, 영혼이 빠져나왔다거나 하는 것들이 일반적으로 많이 보고된다. 그리고 임종시체험의 사례들은 종교에 따라 각기 다르게 보고되는데, 예를 들어 불교신자의 경우에는 부처님의 영접을 받거나 지옥의 불길을 경험하거나, 기독교 신자의 경우에는 천사의 영접을 받아 천국을 경험하거나 악마나 사탄을 만난다거나 하는 사례들이다.

이렇게 각기 다른 체험들 중에서도 시대와 지역을 떠나 가장 보편적이면서도 광범위하여 보고되어지는 사례는 유체이탈현상이다. 하지만 우측두엽에 전기 자극을 주어 환자에게 유체이탈현상을 경험시켰다는 미국의 의학자 펜필드(Penfield)의 보고를 시작으로, 그 외 여러 가지 방법으로 유체이탈현상을 경험하였다는 사례가 많이 보고되고 있다. 그러므로 이것 역시 뇌의 작용인 것인지 아니면 진짜 영혼이 있음을 증명하는 것인지는 알 수 없는 것이 현실이다.

어쨌든 영혼과 사후세계의 존재유무를 확인해 볼 수 있는 유일한 자료인 임사체험이나 임종시체험은, 사실상 죽었다 살아난 사람의 체험이거나 죽은 사람의 체험이 아니라, 아직 죽지 않은 사람의 체험이며, 또한 죽음을 목전에 둔 사람의 체험임에는 틀림없다. 그러므로 이 자료는 우리가 알고 싶어 하는 죽은 후에도 영혼이 존재하는지의 여부와 죽고

제5장 죽음(死)

난 후에도 존재한다는 사후세계의 존재여부를 밝히기에는 부적합하다.

하지만 더 이상의 자료는 없다. 그럼에도 불구하고 영혼과 사후세계의 존재유무에 관한 것을 밝히고자 한다면, 우리의 경험과 상식에 의존한 시뮬레이션에 의존할 수밖에 없다.

② 영혼

우선 영혼의 존재 여부에 대하여 생각해 보면, 일반적으로 회자되는 영혼이나 귀신은 자기의 생각을 관철시키고자 하는 의지를 가진 존재들이다. 예를 들어 억울한 죽음을 맞이하였다든지, 돌보아야 할 사람을 두고 죽었다든지, 살아 있는 사람에게 남길 메시지가 있다든지, 하는 어떤 생각이 있고 그 생각을 관철시키고자 하는 그런 존재들이다.

그렇다면 영혼은 생각하는 존재이어야 한다. 그런데 생각이 생기는 경로를 살펴보면, 자신이 처한 상황을 눈이 보고, 귀가 듣고, 코가 냄새 맡고, 혀가 맛보고, 피부가 느끼면서, 그 상황 속의 정보들을 받아들이면, 그것을 마음이 인식한다. 그러면 그 상황을 판단하기 위하여 생기는 것이 생각이다. 그런데 죽었다는 것은 눈이 보지 못하고, 귀가 듣지 못하고, 혀가 맛보지 못하고, 코가 냄새 맡지 못하고, 피부가 느끼지 못하는 상태가 된 것이다. 다시 말해서 자신이 놓여 있는 상황의 정보를 더 이상 몸이 받아들이지 못하는 상태가 죽음이다. 그런데 몸이 이러한 정보를 받아들이지 못하면 마음은 당연히 인식할 것이 없고, 그러면 당연히 생각도 일어날 수 없다. 그러므로 죽었다는 것은 생각이 일어날 수 없는 상태이어야 한다. 그런데 어떻게 생각을 하고 자신의 의지를 관철시키고자 하는 영혼이니 귀신이니 하는 것들이 존재할 수 있겠는가?

이와 같이 말하면, 혹자는 꿈의 경우를 말하면서 이와 같은 주장에 반박할 수도 있다. 왜냐하면 분명히 꿈은 몸이 정보를 받아들이지 않음에도 불구하고 마음만이 작용하여 만들어진 생각이기 때문이다. 다시 말해서 분명히 잠자고 있는 동안 우리의 몸은 보지 못하고, 듣지 못하고, 냄새 맡지 못하고, 맛보지 못하고, 느끼지 못함에도 불구하고 생각을 일으킨다. 그러기에 꿈을 꿀 수 있는 것인데, 이런 경우는 비단 꿈 뿐만이 아니라 깊은 사색에 빠져 있을 때도 그렇다. 그런데 꿈은 깨어있을 때 몸이 받아들이고 마음이 인식하여 일으켰던 생각이 바탕이 되어 생기는 생각이며, 사색은 사색에 들어가기 전에 몸이 받아들이고 마음이 인식한 생각을 기억이라는 도구를 사용하여 되새김질하면서 생기는 생각이다. 그 어느 쪽도 이미 일으켰던 생각을 근거로 하고 있고, 그 생각은 이미 마음이 인식한 정보를 바탕으로 생겨난 것이며 마음이 인식한 정보라는 것은 이미 몸이 받아들인 정보이다. 그러므로 어쨌든 그 생각 역시 몸이 있기에 가능한 것이다.

하지만 몸이 받아들이고 마음이 인식하여 생겨난 생각을 되새김질을 하는 경우에는 더 이상 몸이 받아들이는 정보 따위는 필요 없지 않을까? 그렇지 않다. 이미 몸이 받아들이는 정보를 이미 마음이 인식하여 이미 일으켰던 생각이라는 것은 변화가 완료되어진 과거의 것이어서 더 이상 변화가 될 수 없다. 왜냐하면 생각의 되새김질인 기억이라는 것은 몸이 받아들이는 정보를 마음이 인식하여 생겨난 생각의 자극에 의하여 발생하는 것이기 때문이다. 그렇기에 꿈을 꾸는 순간이나 깊은 사색에 들어간 순간에는 분명히 몸이 받아들이는 정보가 없이도 그것을 되새김질하면서 생각이 일어나지만 그것이 언제까지나 지속되는 것은 아니라는 것이다.

그러나 죽음이란 몸이 정보를 받아들이지 않는 상태가 언제까지나 지속된다. 그러므로 이런 상태에서는 생각이란 당연히 일어날 수 없다. 그러므로 자기 기능을 할 수 없는 몸처럼, 더 이상 생각을 일으키지 못하는 마음은 있을 수 있다 하더라도, 자기의 의지를 가지고 생각을 하는 영혼이나 귀신 따위는 있을 수 없다.

③ 사후세계

그렇다면 사후세계는 어떨까? 지금 살아있는 사람들 중에 죽어 본 사람은 아무도 없다. 임사체험은 아직 죽지 않은 사람의 체험이고, 임종 시 증언은 죽음에 임박한 사람의 증언이다. 그러므로 사후세계 존재의 유무를 비롯하여 그 모습에 대해서 그 누구도 확언할 수 없다. 따라서 이것은 추측에 의존할 수밖에 없다. 그런데 추측에도 경험을 근거로 한 추측이 있고 경험을 하지 않은 것을 근거로 한 추측이 있다. 그 중 경험을 근거로 한 추측이 경험하지 않은 것을 근거로 한 추측보다는 더 신뢰도가 높을 수밖에 없다.

그렇다면 사후세계의 유무에 관한 추측 중 어느 것이 경험에 근거한 신빙성 있는 추측일까? 우리는 태어나서 단 하루도 내일이 없는 오늘을 살아 본 적이 없다. 그러므로 내일이 없는 오늘은 그 누구도 해 보지 못한 경험이다. 그런데 만약 사후세계가 없다면 그것은 죽는 순간만큼은 그 누구도 경험해 보지 못한 내일이 없는 오늘을 맞이하게 된다. 그러므로 사후세계가 있다는 추측이 경험에 근거하지 않은 사후세계가 없다는 추측보다 신뢰도가 높을 수밖에 없다.

그렇다면 사후세계는 어떤 모습으로 존재할까? 이것 역시 경험에 근거하여 추측에 의존할 수밖에 없다.

우리의 몸은 수많은 세포로 구성되어져 있다. 그리고 그것들은 자기 분열을 하는 형식으로 증식하다가 일정기간이 지나면 자살유전자에 의하여 소멸된다. 다시 말해서 지금 이 순간에도 몸속의 수많은 세포는 죽어가고 있다. 그럼에도 불구하고 몸이 그대로 유지되는 이유는 새로 생기는 세포가 있기 때문이다. 그럼 그 세포는 어떻게 새로 생기는 것일까? 배고프다는 생각이, 먹을 수 있는 것과 먹을 수 없는 것을 구분하는 개념이, 그리고 먹을 수 있는 것을 먹는 행위에 의하여 새로운 세포가 만들어진다. 즉 몸은 사실상 항상 소멸하고 있음에도 불구하고 생각과 말과 행동이 그것을 새로 만들어 냄으로써 유지되고 있는 것이다.

그렇다면 마음은 어떨까? 마음은 한 곳에 가만히 있지 않고 움직인다. 다시 말해서 찰나 멸(滅) 찰나 생(生)하는 것이다. 그러면 찰나에 멸한 것을 찰나에 생하게 하는 것은 무엇일까? 그것도 역시 생각과 말과 행동이다. 만약 옆의 사람에게 사랑하는 생각을 가지고 말하고 행동하여 보라. 그러면 마음은 사랑이라는 생각을 일으킬 수 있는 곳에서 탄생할 것이다. 그런데 만약 옆의 사람을 증오하는 생각으로 말하고 행동하여 보라. 그러면 바로 마음은 증오라는 생각을 일으킬 수 있는 곳에서 탄생할 것이다. 그러므로 항상 소멸하는 마음도 생각과 말과 행동에 의하여 새로운 곳에서 탄생되기에 마음은 유지될 수 있다.

이렇게 생각과 말과 행동은 항상 몸과 마음을 만들었다. 그러면 몸은 항상 지금과 여기에 있는 상황을 받아들이고 마음이 그것을 인식하면 생각이 생겨나고 그 생각을 말과 행동으로 출력하면 이것에 의하여 새로운 몸과 마음이 만들어지는, 이렇게 순환하는 구조 그것이 누구나 항상 하고 있는 경험이다.

그런데 죽음이란 몸과 마음이 더 이상 생각을 만들지 않는 상태가 되는 것이고, 그래서 생각이 만들어지지 않으니 말과 행동도 없고 그래서 더 이상 몸과 마음이 만들어지지 않는 상태가 되는 것이다. 다시 말해서 순환구조가 멈추어버리는 것이다. 그런데 사후세계가 없다고 한다면 이러한 현상은 아무런 문제가 없이 그냥 그대로 받아들이면 된다. 하지만 사후세계가 있다는 추측이 사후세계가 없다는 추측보다 더 신뢰도가 높은 이상, 이러한 현상은 그대로 용인될 수 없다. 왜냐하면 사후세계의 존재를 어디까지나 추측으로써만 증명해야 하기 때문이다.

그런데 사후세계가 있다는 것은 삶이 지속된다는 것이고, 순환구조가 멈추는 경험은 살아서는 하지 않는 경험이다. 따라서 보다 신뢰가 높은 사후세계의 모습을 추측하고자 한다면 경험을 근거로 하여야 하기 때문에, 멈추지 않는 순환구조의 경험을 근거로 사후세계를 추측하여야 한다. 그렇다면 죽는 순간에도 그 순환구조는 지속될 것이고 또한 죽는 순간의 몸과 마음이 만든 생각이 다른 곳에서 새로운 몸과 마음을 만들 것이다. 그렇게 해서 그 몸과 마음이 또 생각을 만들면서 그 순환구조를 지속할 것이다.

이러한 추측을 근거로 죽음을 말하자면, 살아 있다는 것은 생각과 말과 행동이 몸과 마음의 일부를 교체하는 것이고, 죽음이라는 것은 몸과 마음을 통째로 교체하는 것이라 할 수 있다. 이러한 것을 근거로 사후세계를 추측하여 본다면, 사후세계는 죽기 전의 생각과 말과 행동에 의하여 만들어진 몸과 마음이 살아가는 세계인 것이다. 따라서 개와 같은 생각과 말과 행동을 가지고 죽었다면 그의 사후세계는 개의 몸과 마음을 받아 사는 세계가 될 것이고, 죽기 전에 돼지와 같은 생각과 말과 행동을 가지고 죽었다면 그의 사후세계는 돼지의 몸과 마음을 받아 사는 세계가 될 것이다.

2. 죽음에 대한 준비

이와 같은 사고를 바탕으로 인생을 20년 주기로 나누어보면, 0살에서 20살까지의 삶은 전생의 생각과 말과 행동에 의하여 결정된 것이고, 20살에서 40살까지의 삶은 0살에서 20살까지의 생각과 말과 행동에 의하여, 40살에서 60살까지의 삶은 20살에서 40살까지의 생각과 말과 행동에 의하여 결정된 것이며, 60살 이후의 삶은 40살에서 60살까지의 생각과 말과 행동에 의하여 결정되어진 것이라 할 수 있다.

그렇다면 0살에서 20살까지는 20살에서 40살까지의 삶을, 그리고 20살에서 40살까지의 삶은 40살에서 60살까지의 삶을, 40살에서 60살까지의 삶은 60살 이후의 삶을, 그리고 60살 이후의 삶은 내생의 0살부터 20살까지의 삶을 준비하여야 할 것이다.

이러한 관점에서 보면, 죽음이란 모든 것이 끝나는 절망적인 것만은 아니다. 거꾸로 모든 것이 새롭게 시작되는 시점이다. 따라서 죽음을 준비하는 사람이라면 자신이 금생에서 얻은 것들을 다 내려놓을 수 있어야 한다. 재산도 명예도 권력도, 그리고 자신의 가족도, 나아가 자신의 생각도, 그리고 새로운 것을 배우고 익히는 것을 좋아하고, 미지의 세계를 탐험하고 도전하는 것을 즐겨야 한다. 그리고 내생에 이루고 싶은 꿈을 간직하여야 한다. 이것이 죽음에 대한 준비가 아닐까?

3. 죽음에 대한 두려움

 그런데 죽음은 두려운 것이다. 아니 두려워야 정상이다. 왜냐하면
이 세상에 죽음을 두려워하지 않는 생명체는 어디에도 없기 때문이다.
그렇다면 죽음은 왜 두려운 것일까? 그 이유를 정리하여 보면 대충 다
음과 같다.

 첫째로 어린 자식을 두고 죽거나, 또는 자신이 죽으면 자신의 짊어
져야 했던 짐들을 사랑하는 사람들에게 짊어지게 하여야 한다거나, 또
는 사랑하는 사람들을 만날 수 없게 된다거나, 아직 복수하고 응징하
여야 할 사람이 있다거나, 이제까지 헛되이 살았던 삶이 아쉽다거나,
고생하여 이루어 놓은 너무 많은 것들을 제대로 누려보지도 못하고 가
야한다거나, 하여간 지금의 삶과의 이별이 두려운 것이다. 즉 관계의
단절이 두려운 것이다.

 그리고 두 번째는 죽고 나서 살아야 할 사후세계, 그곳은 몸도 마음도
버리고 떠나야 하는 미지의 세계이다. 그곳이 두려운 이유는 그곳에서
의 출발은 그 어떤 관계에도 의지하지 못한 채 새로운 관계를 생성시켜
야만 하는 것이기 때문이다. 즉 관계의 생성을 두려워하는 것이다.

 그리고 세 번째로 두려워하는 것은 죽는 순간에 받을지도 모르는 통
증이다. 그런데 통증이란 자극에 대한 느낌이다. 그렇기에 강도가 높

아 구분할 수 없는 강한 자극은 모두 통증으로 느끼는 것이다. 자극이 구분되어야 비로소 차다든지 뜨겁다든지 부드럽다든지 거칠다든지 하는 느낌을 느낄 수 있다. 그런데 관계를 유지한다는 것은 상대로부터 지속적으로 자극을 받고 있는 것이고, 나 또한 상대를 지속적으로 자극하고 있는 것이다. 다시 말해서 항상 자극이 상존하는 것이다. 따라서 통증을 두려워한다는 것은 자극을 두려워한다는 것이고, 자극을 두려워한다는 것은 관계의 유지를 두려워한다는 것이다.

그러므로 우리가 죽음을 두려워하는 것은 관계의 생성과 유지와 단절을 두려워하는 것이다. 그런데 관계의 생성·유지·단절은 곧 삶이다. 따라서 죽음을 두려워한다는 것은 삶을 두려워하는 것이다.

제2장 교육부분에서 살펴봤듯이, 관계의 생성은 평등과 존중으로 생성시켜야 한다. 그렇지 못하였을 때에는 심하게 상처를 받는다. 그리고 관계는 자발적인 희생으로 유지하여야 하며, 자신의 자발적인 희생은 당연한 것이지만 남의 희생은 감사해야 한다. 그렇지 못하였을 때 심하게 상처를 받는다. 그리고 또 평등하게 취급받지 못하고 존중되어지지 못하고 희생을 강요받았을 때에도 관계를 단절해야 할 때이다. 그런데 그렇게 하지 못하면 심하게 상처를 받는다.

이렇게 관계의 생성과 유지와 단절은 상처가 따를 수밖에 없다. 그러므로 우리의 삶은 언제든지 상처를 받을 수밖에 없고, 그것은 또한 너무도 당연한 사실이다. 그러므로 삶은 두려울 수밖에 없고 따라서 죽음도 두려울 수밖에 없는 것이다. 따라서 죽음이 두려운 이유는 바로 지금 살아 있기 때문이다.

4. 죽음을 맞이하는 나의 자세

영혼과 사후세계가 실재하든 그렇지 않든, 분명한 사실은 누구나 언젠가는 반드시 죽는다는 것이다. 하지만 지금 그것은 분명히 내일의 일이다.

하지만 내일, 그것은 어차피 살 수도 없고 살지도 않는 것이다. 따라서 살지도 않을 내일을 사는 법 따위는 알아봐야 별 소용이 없다. 우리가 알아야 할 것은 오늘을 사는 법일 뿐이다.

죽음, 그것은 살아 있는 지금에 있어서 분명히 내일의 일이다. 하지만 언젠가 그것이 나에게도 찾아 올 때, 분명히 그것은 오늘이라는 옷으로 갈아입고 올 것이다. 그런데 그때 내가 만약 오늘을 사는 법을 제대로 알아 그렇게 살고 있다면, 그 순간도 그렇게 오늘을 살면서 맞이하면 될 일이 아니겠는가.

그렇다면 오늘을 제대로 산다는 것, 그것은 과연 어떤 것일까?

시간에는 과거와 현재와 미래가 있다. 어제는 과거이고, 오늘은 현재이고, 내일은 미래다. 그런데 과거는 이미 지나간 것이고 미래는 아직 오지 않은 것이어서 오늘이라는 시간 속에 과거와 미래가 없는 것은 아니다. 왜냐하면 과거가 이미 지나가서 현재 속에 없는 것이라면 회상도 할 수 없어야 하고, 미래는 아직 오지 않은 것이어서 현재 속에 없는 것이라면 예측도 할 수 없어야 하기 때문이다. 그러나 분명히 과거는 회상할 수 있고 미래는 예측할 수 있다. 그러므로 어제와 내일은 분명히 오늘이라는 시간이 품고 있어야 한다. 이러한 오늘을 사는 것, 이것이 오늘을 제대로 사는 법이다.

다시 말해서 오늘을 제대로 산다는 것은, 과거와 미래를 품은 오늘을 사는 것이고 오늘을 제대로 살지 못한다는 것은, 과거나 미래나 현재 중 하나밖에 없는 오늘을 사는 것을 말하는 것이다.

과거만이 있는 오늘을 사는 사람은 과거의 일에 집착하고 오늘을 사는 경우다. 자신이 잘 나가던 왕년을 주문처럼 되뇌며 산다든지, 자신이 잘못 살았던 삶을 후회하고 반성만 하며 산다든지, 또는 과거에 있었던 어떤 사건, 이를테면 사랑하는 사람의 죽음이나 이별 등 이러한 것들에 지배당하여 살아가는 삶이다. 즉 시간이 더 이상 흐르지 않고 과거에 멈춘 삶을 사는 경우이다. 그리고 현재만이 있는 오늘을 산다는 것은, 과거의 일도 돌이키려 하지 않고 미래의 일도 생각하려 하지 않고 그냥 되는대로 적당히 살아가는 삶이다. 성인이 되는 것이 무엇인지도 모르고 성인이 되고, 결혼이 무엇인지도 모르고 결혼하고, 부모님의 죽음을 어떻게 맞이하여야 하는지도 모르고 맞이하고, 자신의 죽음을 어떻게 맞이하여야 할지도 모르고 죽어가는 삶이다. 태어나 부모님이 보살펴주니까 성장해서, 고생하지 말라고 하니까 언제까지나 수입이 보장되는 직업을 선택해서, 적당히 결혼하여 아이 낳고 살다가 아이들이 다 크면 죽어가는 삶이다. 어디에서 왔다가 어디로 가는지 왜 사는지 어떻게 사는 것이 행복한 삶인지 조차도 고민해 보지 못하고 살아가는 살아있는 송장 같은 삶, 그것이 현재만이 있는 오늘을 살아가는 삶이다. 그리고 내일만이 있는 오늘을 산다는 것은, 꿈이 이루어진 내일을 위하여 현재 하고 싶은 것도 참고 먹고 싶은 것도 참으며 자신을 다그치며 현재를 희생하며 살아가는 삶이다. 그러다가 그 꿈을 이루지도 못하거나 이루기 직전이나 이루고 나서 그것을 누려보지도 못하고 바로 죽기라도 한다면 억울해서 눈도 감지 못할 그런 삶이다.

이렇게 어리석은 삶, 이것이 다 오늘을 제대로 살지 못하는 삶이다.

그렇다면 오늘을 제대로 산다는 것은 무엇인가? 과거 · 현재 · 미래가 모두 품은 오늘을 사는 것이다. 즉 미래란 나의 인생이 살아야 할 바이다. 그러므로 꿈이며 삶의 목표이다. 그리고 그 목표를 이루기 위하여 현재 나의 모습을 제대로 가르쳐주는 것이 과거이다. 그러므로 과거의 모습을 통하여 현재 자신의 위치와 상태를 파악하여 어떻게 하면 미래의 꿈과 목표를 이룰 수 있는지에 대한 계획을 세워 한 발짝 한 발짝 앞으로 나아가는 삶, 그렇게 최선을 다하며 오늘을 완전연소하는 그런 삶이 오늘을 제대로 사는 것이라 할 수 있을 것이다.

죽는 순간, 그것은 언젠가는 오늘이라는 옷을 갈아입고 찾아올 것이고, 그 순간도 지금과 같이 두려움을 마주하고 긴장을 간직하며 스릴을 만끽한 채로 오늘을 살아가는 삶의 방식으로 맞이하면 될 일이고, 사후세계 또한 그러한 자세로 살아주면 될 일이다.

제6장

타인의
죽음
(他人之死)

앞에서 살펴본 죽음에 의하면, 죽고 난 후의 영혼은 존재하지 않고

사후세계는 죽기 직전의 생각과 말과 행동에 의하여 만들어진

몸과 마음에 의하여 지속되는 삶의 세계이다.

그렇다면 사람이 죽으면 그 사람의 존재는 그와 관계를 맺고 살아가던

사람들에게 있어서는 없어지는 것이 된다. 그러나 사랑하는 사람의

죽음을 맞이하는 입장에서 그것은 받아들이기 쉽지 않다.

여기에 우리가 타인의 죽음을 제대로 수용하지 않으면 안 되는

이유가 있다. 따라서 이 번 장에서는 타인의 죽음을 수용하는 태도에

대하여 알아보고자 한다.

1. 타인의 죽음이란

    부부의 나이가 같다. 그리고 아버지와 아들의 나이도 같다. 그런데 아버지는 한 사람인데 첫째 아들의 아버지와 둘째 아들의 아버지는 나이가 다르다. 그리고 며느리와 시어머니 · 시아버지의 나이가 같다. 또 장인 · 장모와 사위의 나이가 같다.

    이렇게 말하면 과연 이런 가족이 있을 수 있을까 하며 많은 이들이 의구심을 나타낼 것이다. 그런데 그 내용을 살펴보면 그 어떤 가족이라도 그 모습은 실로 이러하다.

    생각해 보라. 아버지는 아들이 태어났으니까 아버지가 되었다. 그러므로 아버지가 된 순간과 아들이 된 순간은 같다. 그러므로 아버지와 아들의 나이는 같을 수밖에 없다. 그리고 또 첫째 아들의 아버지가 된 순간은 첫째 아들이 태어난 순간이고, 둘째 아들의 아버지가 된 순간은 둘째 아들이 태어난 순간이니, 아버지는 한 사람이라 하더라도 첫째 아들의 아버지와 둘째 아들의 아버지의 나이는 다를 수밖에 없다. 마찬가지로 한날한시에 결혼하여 부부가 되었으니 부부의 나이는 같을 수밖에 없고, 또 며느리를 들여서 시아버지 · 시어머니가 된 것이니 며느리와 시부모의 나이도 같을 수밖에 없고, 사위를 맞이하여 장인 · 장모가 된 것이니 사위와 장인 · 장모의 나이도 같을 수밖에 없는 것이다.

이렇게 오른쪽이 생기면 왼쪽도 덩달아 생기듯, 모든 관계는 한쪽의 일방적인 탄생으로 다른 한쪽도 덩달아 생긴다. 그리고 또 왼쪽이 사라지면 오른쪽도 사라지듯, 모든 관계는 한쪽의 일방적인 소멸로 다른 한쪽도 더불어 사라진다. 여기에 타인의 죽음의 실체가 있다.

다시 말해서 자식이 생겼기에 덩달아 부모가 되었듯, 부모가 죽으면 덩달아 자식도 죽은 것이다. 그렇기에 남편의 죽음은 아내의 죽음이요, 부모의 죽음은 자식의 죽음이요, 시부모의 죽음은 며느리의 죽음이요, 장인·장모의 죽음은 사위의 죽음일 수밖에 없다.

이것이 바로 타인의 죽음의 실체이다. 즉 타인의 죽음이란 내가 중심이 되어 나와 관계를 맺고 있는 공간인 여기에서 너의 죽음에 의하여 너와 관계를 맺고 있던 나도 덩달아 죽을 수밖에 없는, 그 관계로서의 나의 죽음이다. 다시 말해서 관계의 단절이다. 다시 말해서 단절된 관계로서 존재하는 여기의 탄생이다.

우리는 태어나서 성장하고 결혼해서 아이 낳고 키우다가 죽는 인생의 여정에서, 혈연(血緣)·지연(地緣)·학연(學緣) 등 많은 이들과 관계를 맺으며 살아간다. 하지만 회자정리(會者定離)이기에 그 관계는 언젠가는 반드시 끊어진다. 그런데 그 중에는 서로의 뜻이 맞지 않아 단절되는 관계도 있고, 서로의 의지와는 상관없이 어쩔 수 없이 단절되는 관계도 있다. 서로의 뜻이 맞지 않아 단절되는 관계에도 쌍방이 합의한 것도 있고 한쪽의 일방적인 것도 있겠지만, 어쨌든 거기에는 어느 한 쪽에게라도 단절의 의지가 존재한다. 그렇기에 이러한 단절에는 비록 한 쪽의 일방적인 납득일지라도 단절의 이유에 대한 납득이 존재한다.

하지만 서로의 의지와는 아무런 상관없이 단절되어버린 것이라면 거기에는 쌍방 어느 쪽에도 납득은 존재하지 않는다. 그렇기에, 같은 이산가족이라도 서로의 의지로 단절된 관계라면 가까이 있으면서도 서로 찾으려고도 하지 않지만, 전쟁 등의 어쩔 수 없는 이유로 단절된 관계라면 다시 만날 수 있다는 희망을 버리지 않고 서로 끝까지 찾아 헤맨다.

　그런데 죽음은 서로의 의지와 아무런 상관없는 단절이어서 쌍방 어느 쪽에도 납득은 존재할 수 없음에도 불구하고, 다시 만날 수 있다는 희망조차도 갖지 못한 채 아파하기만 하여야 한다. 이것이 타인의 죽음이다.

2. 타인의 죽음을 수용하는 태도

　이러한 타인의 죽음을 수용하는 일반적인 태도는, 살아서 다시 만날 수 있다는 희망을 포기하는 대신 죽으면 만날 수 있다는 희망을 간직하고, 다시 만날 그 날까지 편안하고 좋은 곳에서 기다려주기를 바라는 것이다.

　그리고 종교는 이러한 태도를 더욱 부추긴다. 그렇기에 사후세계로서 쾌적하고 편안한 삶이 보장되어지는 아주 바람직한 곳과, 고생스럽고 불쾌하며 불편한 삶이 지속되어지는 최악의 환경이 제공되는 곳을 제시한다. 바람직한 곳은 그 종교가 제시하는 바의 신앙생활을 제대로 수행한 결과로 가는 곳이며, 최악의 환경이 제공되는 곳은 그렇게 하지 않은 결과 가는 곳이라 주장한다. 따라서 죽은 사람이 그 종교가 제시하는 바의 신앙생활을 성실히 수행한 사람이라면 그 결과 그 사람은 바람직한 곳을 갔기 때문에 그를 만나기 위해서는 살아 있는 사람도 그와 같은 신앙생활을 하는 것이, 또 죽은 사람이 그 종교가 제시하는 바의 신앙생활을 성실히 수행하지 않은 사람이라면 그 결과 최악의 환경으로 갔기 때문에, 우선 그가 바람직한 곳으로 갈 수 있도록 도와야 하며, 그렇게 해서 그가 바람직한 곳으로 갔다면 그를 만나기 위해서 그 종교가 제시한 바의 신앙생활을 성실하게 수행하여야 하는 것이 타인의 죽음을 수용하는 태도라 주장한다.

그런데 이와 같은 태도는 죽은 사람을 살아서는 다시 만날 수 없다는 것과 영혼과 사후세계가 존재한다는 것이 전제(前提)되어야 한다. 그런데 죽은 사람은 진정 살아서는 만날 수 없는 것일까? 그리고 종교들이 주장하는 것처럼 영혼과 사후세계는 진정 존재하는 것일까?

죽은 사람을 살아서 만날 수 있는지 없는지의 여부에 대해서는 그렇다 치고, 영혼과 사후세계에 대해서는, 영혼은 설사 존재한다 하더라도 몸이 없으면 생각을 만들 수 없기에 틀림없이 무용지물(無用之物)이며, 사후세계는 죽기 전까지의 생각에 의하여 만들어진 몸과 마음에 의하며 새로운 삶이 이어지는 형태로 존재할 것이라고 앞 장에서 추측하였다. 또한 일반적인 상식에서 생각해 보아도 영혼이나 사후세계의 존재는 그 누구도 입증할 수 없고 그 누구도 확신할 수 없다는 것은 부정할 수 없는 현실이다.

그렇기에 죽으면 다시 만날 수 있다는 것은 막연한 희망일 수밖에 없다. 그리고 그런 사실을 부정할 수 있는 사람은 아무도 없다. 그럼에도 불구하고 타인의 죽음을 맞이하는 태도가 그럴 수밖에 없는 것은, 다시 만날 수 있다는 희망을 포기하고 이별의 깊은 상처만을 간직한 채 사는 것보다는 그나마 막연한 희망이라도 간직하고 위로받으며 사는 것이 낫다고 생각하기 때문이다. 그래서 사람들은 영혼이나 사후세계의 존재를 믿고 싶어 할 뿐이다. 사실이 이와 같음에도 불구하고 사람들은 이러한 사실을 별로 받아들이고 싶어 하지 않는다. 왜냐하면 이러한 사실을 받아들이면 죽으면 다시 만날 수 있다는 희망조차도 포기하고 이별의 깊은 상처만을 간직한 채 살아야 하기 때문이다.

그런데 그렇다고 해서 아픔을 완화시키기 위하여 아무리 그 상처를 미화시키고, 본 것을 못 본 것으로 하고 들은 것을 못 들은 것으로 한다고 하여 그 상처가 근본적으로 치유되는 것이 아니어서 아픔은 숨은 것일 뿐 사라진 것은 아니다. 그렇기에 완벽하게 인정되지 못한 것들을 전제로 타인의 죽음을 수용하는 태도도, 타인의 죽음으로 인하여 받은 상처를 치유하기는커녕, 통증을 느끼지 않으려고 마비시키는 태도에 불과하다.

　그러면 타인의 죽음은 어떻게 받아들여야 하는 것일까?
　타인의 죽음을 수용함에 있어서 영혼과 사후세계가 존재하여야 하는 이유는 죽은 사람과는 살아서는 다시는 만날 수 없다는 것이 전제되었기 때문이다. 그렇기 때문에 죽은 사람과의 만남이 살아서도 가능하다면 이것들의 존재에 관한 논란은 아무런 의미가 없게 된다. 그렇다면 정말로 죽은 사람과 살아서 만날 수 있을까?
　결론부터 말하자면, 물론 가능하다. 사람이 죽으면 그 모습을 볼 수도 없고 그 목소리를 들을 수도 없고 만질 수도 없고 느낄 수도 없는데, 그것이 어떻게 가능하단 말인가? 그런데 생각해 보자.
　이미 아들이 성년이 되어버렸다면, 어린 아들의 모습은 볼 수도 없고 어린 아들의 목소리는 들을 수도 없고 어린 아들은 만질 수도 없고 느낄 수도 없다. 왜냐하면 이미 성년이 되어버렸기 때문이다. 하지만 성년이 된 아들과는 당연히 이 모든 것이 가능하다.
　마찬가지로 사람이 죽으면 살아 있던 사람의 모습은 당연히 볼 수 없고 그 목소리는 당연히 들을 수 없고 그 사람은 당연히 만질 수도 느낄 수도 없다. 왜냐하면 그 사람은 죽었기 때문이다. 그러나 어린 아들을 만질 수 없고 느낄 수 없었던 이유가 아들이 성년이 되었기 때문인 것처럼, 그래서 성년이 된 아들은 만질 수 있고 느낄 수 있는 것처럼, 마찬가지로 사람이 죽으면 살아 있던 사람은 만질 수 없고 느낄 수 없지만, 죽은 사람은 만질 수 있고 느낄 수 있다. 그럼에도 불구하고 불가능한 것처럼 느끼는 이유는 산 사람처럼 만질 수 없고 느낄 수 없기 때문이다. 하지만 이것은 아들이 성년이 되었으면 어린 아들과는 이 모든 것을 할 수 없는 것과 마찬가지다. 그런데 도대체 죽은 사람과 이런 것들이 가능하다는 게 무슨 말인가? 그게 가능하다는 게 말이 되는 소리인가. 우리가 납득되지 않는 이유는, 죽은 사람을 보고 죽은 사람과 말하고 죽은 사람을 느끼는 것이 무엇인지 모르기 때문이다. 그리고 그것을 모르는 이유는 죽은 사람을 죽은 사람으로 받아들이지 않았기 때문이다.

그렇다면 죽은 사람을 죽은 사람으로 받아들인다는 것은 도대체 무엇을 어떻게 하는 것일까? 이것을 알아보기 위해서, 우선 우리가 살 수 있는 시간은 지금이고 공간은 여기밖에 없다는 사실을 상기하여 보자. 여기란 내가 중심이 되어 너와 관계를 맺고 있는 공간이다. 그리고 지금이란 나와 너의 관계가 변화하고 있는 순간이다.

그렇다면 죽음이 관계의 단절이라면 너와 나의 관계가 단절되었으니 여기도 지금도 없어져야 한다. 그러나 실질적으로 그러한가? 단절되었음에도 불구하고 나의 기억 속에 죽은 사람이 존재하는 한 여기와 지금은 지속되고 없어지지 않는다. 다시 말해서 죽음은 분명히 관계의 단절이어서, 나와 너의 관계가 단절되었어야 하고, 그렇다면 여기와 지금도 없어져야 하니, 죽은 자와 함께 했던 모든 기억도 사라져야 한다. 하지만 그렇지 않다. 죽은 자를 상기하는 순간 여기와 지금은 다시 출현한다. 그렇게 생각한다면, 의지로 단절되었든 의지와 상관없이 단절되었든 살아있는 사람끼리 단절되어진 관계에서도 기억은 존재하고, 그렇기에 여기와 지금 역시 존재한다. 다시 말해서 아무리 관계가 단절되었다 하더라도 기억하는 한 여기와 지금은 존재할 수밖에 없다. 그렇다면 살아 있는 사람과 단절되어진 관계의 여기와 지금과, 죽음으로 단절되어진 관계의 여기와 지금은 어떻게 다를까?

살아 있는 사람과 단절되어진 관계의 여기는 내가 중심이 되어 관계가 단절되어진 너와 관계를 맺고 있는 공간이다. 그리고 지금은 관계가 단절되어진 나와 너의 관계가 변화하고 있는 순간이다. 그런데 서로가 살아 있어서 의지와 상관없이 단절된 상태에서 서로가 만난다면, 그리고 의지로 단절된 상태에서 서로가 화해한다. 여기는 내가 중심되어 너와 관계를 맺고 있는 공간으로, 지금은 너와 나의 관계가 변화되어지는 순간으로, 언제든지 바뀔 수 있다. 하지만 죽음으로 단절된 관계의 여기는 내가 중심이 되어 죽은 너와 관계를 맺고 있는 공간이다. 그리고 지금은 나와 죽은 너와의 관계가 변화하고 있는 순간이다. 다시 말해서 다시 만나지 않아도, 그리고 화해하지 않아도 여기는 내가 중심이 되어 너와 관계를 맺고 있는 공간이며, 지금은 나와 너의 관계가 변화되고 있는 순간이다. 즉 관계가 단절된 것이 아니라 너의 상태가 바뀐 것 뿐이다. 그럼에도 불구하고 관계가 단절된 것은 내가 바뀐 너의 상태를 수용하지 않았기 때문이다. 다시 말해서 그것은 내가 바뀐 너의 상태를 인정하지 않았기 때문이다.

여기에 타인의 죽음을 수용하는 올바른 태도에 대한 결론이 있다. 즉 타인의 죽음을 수용한다는 것은 살아 있는 사람과의 관계를 잘 정리하고 죽은 사람과의 새로운 관계를 성립하는 것, 그것이 바로 타인의 죽음을 수용하는 올바른 태도인 것이다.

3. 타인의 죽음을 수용하는 방법

1) 우리 조상들의 타인의 죽음을 수용하는 방법

우리 속담 중에 '호랑이는 죽어서 가죽을 남기고 사람은 죽어서 이름을 남긴다.'는 말이 있다. 이 말은 사람이 죽으면 이름만이 남는다는 뜻인데, 이름이란 무엇인가? 그 사람을 표현하는 고유명사이다. 사람이란 태어나서 성장하여 어른이 되고 늙어 죽는다. 그러면서 몸도 바뀌고 마음도 바뀌고 그 사람이 사는 환경이나 지위도 바뀌고 수많은 관계가 생성되어 유지되다가 소멸되곤 한다. 하지만 지속적으로 불리는 것은 그 사람의 이름이다. 수많은 변화 속에서 그를 못 알아보더라도 이름을 말하면 누군지 알 수 있다. 그것이 이름이다. 그렇기에 이름이란 사회적으로는 그 사람만을 표현하는 그 사람 고유의 표시다. 살아 있을 때 그것은 그 사람의 몸과 마음이었다. 그리고 그 사람의 생각과 말과 행동이었다. 그런데 죽었기 때문에 그 사람의 몸과 마음은 사라졌고 덩달아 생각과 말과 행동도 사라졌다. 그리고 남아 있는 것은 그 사람에 대한 기억과 그 사람의 이름뿐이다.

그런데 시간이 지나면 기억은 사라진다. 그러면 허공을 떠돌던 이름도 산산이 흩어져 없어질 것이다. 그러면 죽은 사람과의 관계는 영원히 단절되어질 것이다. 그런데 죽음이란 살아 있던 사람과의 관계가 단절된 것이지 죽은 사람과의 관계가 단절되어진 것은 아니다. 그럼에도 불구하고 죽었다는 이유로 서로의 의지와는 아무런 상관없이 관계가 단절되는 것이다. 이것은 바꾸어 말하면 가까이 있었던 사람을, 사랑했던 사람을 죽었다는 이유로 왕따시키는 것이다. 죽은 것이 왕따를 당해야 할 만한 이유가 아님에도 불구하고 말이다.

  이런 일이 생기지 않도록 하기 위하여 우리 조상들은 사람이 죽으면 집안에 사당(祠堂)이라고 하는, 죽은 사람이 머물 수 있는 공간을 만들었고, 죽은 사람을 대신하는 것으로 신주(神主)라고 하는 위패(位牌=죽은 사람의 이름을 적은 패)를 만들어 그곳에 모시고 가족의 일원으로서 함께 생활했다. 그리고 살아있던 사람과의 관계를 정리하고 죽은 사람과의 새로운 관계를 생성시키기 위하여 유교적으로는 상중제례(喪中祭禮)를, 불교적으로는 천도재(遷度齋)를 지냈다. 그리고 죽은 사람과 새로운 관계가 생성되면 그것을 유지하기 위하여 기일에는 제사(祭祀)를 모셨다.

2) 상중제례(喪中祭禮)

  상중제례란 사람이 죽으면 살아있었을 때의 관계를 정리하고 죽은 사람과 새로운 관계를 생성시키기 위한 의식으로, 유교적인 교리에 입각하여 만들어진 타인의 죽음을 수용하는 방식이다.

  이 방식을 설명하기에 앞서, 우선 유교교리의 기본골자를 살펴보면, 유교교리의 근본이 되는 이론은 음양론(陰陽論)이다. 음양론이란 만물은 음양이 조화를 이루어 생겨난 것이라고 주장하는 이론으로, 이것에 의하면 사람 역시 음양이 합성되면 탄생하고 흩어지면 죽는다고 한다. 다시 말해서 남성은 양이며 여성은 음인데 이 둘이 합궁을 하면 양이 음인 여성의 자궁 속으로 들어가 음과 합쳐지는데, 그러면 땅의 음의 기운을 받아 백(魄)이라는 정신이 만들어진다. 그러면 자궁 속에서 육신이 생겨나 성장하기 시작하는데, 그러다가 백이 다 완성되면 음인 자궁을 떠나 탄생을 해서, 하늘의 양의 기운을 받아 혼(魂)이라는 정신이 만들어진다. 그러면 육신이 성장하는데 혼이 다 완성되면 젊고 혈기가 왕성한 성인이 되는 것이다. 음의 특성은 그 기운이 완성되면 일정한 기간 동안 유지되지만, 양의 특성은 유지되지 않고 완성되자마자 바로 서서히 흩어져 없어지기 시작한다. 따라서 혼은 완성되자마자 바로 흩어지기 시작하는데 서서히 흩어짐에 따라 늙어가게 된다. 그러다가 마침내 혼이 다 흩어져 없어지면 죽는 것이다. 그리고 나서 이제까지 유지되었던 백이 흩어지기 시작하는데, 그러면 시신은 부패하고 썩기 시작한다. 그러다가 썩어서 다 없어지면 백도 흩어져 땅으로 돌아가게 되는 것이다.

유교는 이런 교리체계로 타인의 죽음을 수용하는데, 그 과정은 장례절차와 상중절차 그리고 탈상 후 절차로 나뉜다. 장례절차란 죽음이라는 불가항력으로 인하여 살아 있던 사람과의 관계가 단절되었음을 확인하는 절차이고, 상중절차란 살아 있던 사람과의 관계를 정리하고 죽은 사람과 새로운 관계를 생성시키는 절차이고, 탈상 후 절차란 새로운 관계가 생성된 죽은 사람과의 관계를 유지하는 절차이다.

우선 장례절차부터 살펴보면, 사람이 죽으면 가장 먼저 하는 것이고복(告復)이라고도 하는 초혼(招魂)인데, 그것은 죽은 사람의 속적삼이나 윗저고리를 가지고 지붕에 올라가거나 마당에 나가, 왼손으로는 옷깃을 잡고 오른손으로는 옷 허리를 잡고 북쪽을 향해 옷을 휘두르면서, 먼저 죽은 사람의 주소와 성명을 왼 다음에 큰 소리로 길게 '복(復)! 복(復)! 복(復)!'하고 세 번 부르는 의식이다. 죽었다는 것은 혼이 나간 것이기에 그것이 다시 돌아와 몸과 합쳐져 살아나기를 기원하는 의식인데, 지붕에 올라가는 것은 혼이 하늘의 기운이기 때문이며, 북쪽을 향해 부르는 것은 사자를 관장하는 신이 북쪽에 있기 때문이다. 이렇게 사람이 죽으면 우선 죽음으로 인하여 살아 있던 사람과의 관계가 단절되어지는 아쉬움을 표현하였던 것이다.

이렇게 해도 살아나지 않으면 체념하고 관계의 단절을 받아들이는데, 그러면 입관(入棺)을 하고 제단을 차린 후 혼백(죽은 이의 위패를 만들기 전에 임시로 명주나 모시로 만든 신위)을 만들어 모시고 문상(問喪)을 받기 위하여 성복제(成服祭)를 지낸다. 성복제란 비로소 상이 시작되었음을 알리는 의식으로, 죽은 사람과 가까운 관계에 있는 사람들은 상복으로 갈아입은 후 상호간에 문상을 하고, 유복친 중 연장자의 집례에 따라 분향, 재배하는 형식의 제이다. 성복제를 마치고 나면 비로소 문상을 받고 조석으로 전(奠 : 영전에 음식, 술 등을 올리는 일)을 올리며, 식사 때가 되면 상식(上食)을 올린다. 이때부터 상주는 수시로 곡을 한다.

문상이란 죽은사람과 관계를 맺고 있던 이들이 관계가 단절되었음을 확인하는 의식으로, 문상의 형식은 상가(喪家)를 찾아가 영위(靈位)에 두 번 절하고 이어 상주와 맞절을 한 뒤 상주를 위로한다. 옛날에는 영위 앞에서 한참 곡(哭)을 하다가 절을 하고 상주와 마주 대해서도 곡을 하다가 절을 하였다. 그러나 지금은 곡을 하는 예는 드물다. 상주를 위로하는 말로는 "상고(喪故)말씀은 드릴 말씀이 없습니다.", "얼마나 망극(罔極)하십니까?" 등의 말을 한다. 이어서 "오래 신고(辛苦)를 하셨습니까?"와 같은 말로 죽은 사람의 질병 혹은 사인(死因)에 관한 말을 묻고, 또 "장지(葬地)는 어디로 정하셨습니까?"와 같은 장례에 관한 문의를 하고 물러나와 시도기(時到記: 지금의 芳名錄)에 자기 이름을 기록하고 부의(賻儀)를 전하는 것으로 문상의 절차는 끝난다. 그러나 문상의 자세한 절차와 형식에 있어서는 옛날과 지금에 많은 변천이 있다. 지금은 대체로 3일장을 하고 장례가 끝나면 상주는 곧 평상적인 생활로 돌아가므로, 문상의 기간도 운명(殞命)에서부터 장례까지의 사이라고 할 수 있다. 그러나 예전에는 장례가 끝난 뒤 2년 혹은 1년씩 상주가 집상(執喪)을 하였으므로 그 기간 안에는 언제나 문상이 가능하였다. 그리고 지금은 사람이 죽었다는 소식을 들으면 곧 달려가 시신(屍身)에 절하고 상주에게도 인사를 하는 풍습이 시행되고 있으나, 옛 풍습에는 성복(成服: 초상이 났을 때 처음으로 상복을 입는 일)을 하기까지는 지극히 가까운 사이가 아니면 문상을 하지 않는 것이 원칙이었다. 비록 지극히 가까운 관계로서 성복 전에 문상을 한다 할지라도 시신에게 절을 하거나 상주에게 절은 하지 않았다.

또한, 지금은 외간(外艱: 아버지나 承重 할아버지의 초상)이나 내간(內艱: 어머니나 承重 할머니의 초상)에 관계없이 영위에 절을 하는 수도 있으나, 예법으로는 내간에는 생시에 무관하게 지낸 특별한 사이가 아니면 영위에는 가지 않고 상주에게만 인사하였다. 이것은 남녀가 내외하는 원리에서 나온 것이다. 그리고 예법에는 문상을 갈 때 소복(素服)하기를 권하고, 부의 외 향·초·술·과일 등을 영위에 바쳤다.

그리고 문상을 더는 올 사람이 없게 되면 영결식(永訣式)을 한 후 발인제(發靷祭)를 하고, 장지에 가다가 다시 문상객을 만나면 노제(路祭)를 지내면서 문상을 받고, 장지에서는 평토제(平土祭)와 산신제(山神祭)를 지내며 시신을 매장하였다.

이렇게 해서 장례를 마친 후에는 집으로 돌아와 대청마루에 신주를 모시기 위한 상청(喪廳) 또는 궤연(几筵)에 혼백을 모시고 반혼제(返魂祭)를 지낸 후에는 지방으로 바꾸고 혼백을 불로 태웠다. 이렇게 죽음으로 인한 살아 있던 사람과의 관계의 단절을 받아들인 것이다.

그리고 난 후 죽은 사람과 새로운 관계를 형성시키는 절차를 거행했는데 이것이 상중제례이다. 상중제례란 장례를 치루고 난 후에 탈상을 할 때까지 지내는 제례로 대청마루에 모셔진 궤연에 매일 조석(朝夕)으로 상식(上食=신위를 모셔둔 자리인 영좌 앞에 아침저녁으로 올리는 음식)을 올리며 곡을 하고 매월 음력 초하루와 보름에 제사를 지내, 상중제례를 거행했는데 우제(虞祭)·졸곡제(卒哭祭)·부제(祔祭)·소상(小祥)·대상(大祥)·담제(禫祭)·길제(吉祭) 등과 같은 제사가 그것이다.

우제(虞祭)는 망자의 시신을 땅에 매장하였으므로 그의 혼이 방황할 것을 염려하여 궤연에서 지내는 제사로, 초우(初虞)·재우(再虞)·삼우(三虞)로 나누어 지내는데, 초우란 반혼제를 지낸 후 바로 다음날 지내는 제사고, 재우는 초우 다음 날 지내는 제사이고, 삼우는 재우 다음 날 지내는 제사이다. 우제는 그것을 지낸 다음에는 반드시 묘에 가서 묘를 둘러보고 간단한 음식을 차려 놓고 두 번 절하는데, 이것은 묘를 쓴 지 얼마 안 되었기에 산짐승에 의하여 묘가 훼손되는 것을 막기 위한 의미도 있다.

그리고 졸곡제(卒哭祭)란 초상으로부터 3개월 이내에, 해당 날짜의 간지(干支)가 양(陽)에 해당하는 날인 강일(剛日)을 정하여 지내는 제사로, 졸곡제의 제사는 초우제와 같으며, 곡을 끝낸다는 졸곡이라는 말 그대로 지금까지 수시로 하던 곡을 더는 하지 않고 다만 상식을 올리며 상제가 아침과 저녁에 곡을 하는 조석곡(朝夕哭)만 했다. 사실 사람이 죽으면 가까운 사람은 슬픔을 제대로 느끼지 못한다. 그러나 이렇게 억지로라도 울게 하여 마음껏 슬퍼할 수 있게 하였던 것이다.

그리고 부제(祔祭)란 대상을 지내고 신주를 지방에서 위패로 바꾸고 사당에 모실 때 지내는 제사인데, 본래 사당이 있는 집에서는 졸곡제를 지내고 그 다음 날에 지내는 경우도 있었다. 부제를 지내고 나면 궤연을 없애고 조석으로 상식을 올리는 것도 초하루와 보름에 지내는 제사도 멈추는 것이 원칙이다. 그러나 사당이 있어 졸곡제를 지낸 다음 날 지내는 경우에는 조석으로 상식을 올리는 것은 그만 두더라도 초하루와 보름에 지내는 제사는 계속한 경우도 있다.

그리고 소상은 초상 1주년이 되는 날에 지내며, 대상은 초상 후 2주년이 되는 날에 지내는데, 대상을 지낸 다음에는 영좌를 철거하고 상복 등의 모든 물건은 다 태워 버린다. 이렇게 하면 비로소 죽은 사람과의 새로운 관계가 형성되게 된다. 하지만 그렇게 형성된 관계가 아직은 굳건하지 못하기 때문에 그 다음부터는 그것을 굳건하게 유지하는 기간이 되는 것이다.

그 다음이 담제인데 3년의 상기(喪期)가 끝난 뒤 상주가 평상으로 되돌아감을 고하는 제례의식이다. 일반적으로 부모상일 경우 대상(大祥) 후 3개월째, 즉 상 후 27개월이 되는 달의 정일(丁日) 또는 해일(亥日)에 지낸다. 그러나 남편이 아내를 위하여 지내는 담제는 상 후 15개월

만에 지내는데, 즉 소상(小祥) 후 2개월째가 된다. 담제를 지내야 하는 경우는 부모상을 비롯하여 죽은 아버지를 대신하여 손자가 지내는 조부상과 부상(夫喪), 처상(妻喪)뿐이다. 담제를 지내지 못하는 경우가 있는데, 부모 가운데 한 분이 먼저 죽고 3년이 지나기 전에 다른 분이 또 죽으면, 먼저 죽은 분의 담제는 지내지 못하게 되고, 국상 중에 졸곡(卒哭)을 치르지 않았을 경우에도 그러하다. 그러나 그 날짜가 지난 뒤에는 추제(追祭)할 수 없기 때문에 후상(後喪)의 복중이거나 국상(國喪) 중에는 다만 허위(虛位)를 모셔놓고 곡을 하는 것으로 담제를 대신한다. 대상이 지난 뒤 담제시기가 다가오면 전달 하순에 날짜를 정한 뒤 사당에 고유(告由)했다. 그리고 담제 때가 되면 하루 전날 목욕하고 제상을 차린 뒤 상복을 담복(禫服: 검은 씨줄에 흰 날줄로 짜서 만든 천으로 지은 옷, 현재는 素服으로 대신함)으로 갈아입는다. 날이 밝으면 행사하는데 의식과 절차는 대상 때와 같다. 다만, 축문 끝에 상사(祥事)의 '상(祥)'자가 담사(禫事)의 '담(禫)'자로 바뀌는 것과, 제사가 끝난 뒤 신주를 사당으로 모실 때 곡을 하지 않는 것이 다른 점이다. 담제가 끝나고 나면 그 때부터 비로소 음주와 육식을 하여도 된다.

길제란 담제를 지낸 다음 상주가 날짜를 정하는데, 한 달 뒤에 정일(丁日)이나 해일(亥日)의 날을 정해 지내는 것이 일반적이다. 제사가 다가오면 3일 전에 목욕하고 집 안팎을 깨끗이 청소한 뒤 옷을 갈아입으며, 맛이 좋은 음식을 먹거나 음악을 듣지 않는다. 하루 전날 사당에 개제(改題)를 고유(告由)하고 정침의 북쪽에 5대의 조부모의 자리를, 조부는 서쪽에, 조모는 동쪽에 가도록 차례로 마련하고, 죽은 부모의 신위는 동벽(東壁) 아래 서향하여 마련하는데, 고위(考位)는 북쪽에, 비위(妣位)는 남쪽에 마련한다. 담제를 지낸 달에 길제를 지내게 되면 아버지와 어머니의 신위를 따로 모시지만, 담제를 지낸 다음 달에 길제를 지내는 경우는 부모의 신위를 한 자리에 모신다. 주인과 제사에 참여한 사람들이 모두 길복(吉服)으로 갈아입고 사당에 가서 신주를 모시고 나오는데, 주인은 고위의 신주를, 부인은 비위의 신주를 모시고 나온다. 복색은 벼슬에 있는 사람은 사모(紗帽)와 단령(團領) 등 계급에 따른 복장을 하며, 벼슬이 없는 사람은 갓을 쓰고 도포를 입고 가죽신을 신으며, 부인은 대의(大衣)와 장군(長裙)을 입는다. 이렇게 길제란 죽은 사람과의 새로운 관계가 형성되어 살아서 죽은 사람과 재회하는 의식이므로 한판 벌어지는 큰 잔치인 것이다.

이렇게 해서 탈상을 하는데 상중제례라는 것이 바로 살아 있던 사람과의 관계를 정리하고 죽은 사람과의 관계를 새로 정립하여 맞이하는 방식인 것이다.

3) 천도재(薦度齋)

상중제례로 불교에서는 천도재라는 것을 하는데, 천도(薦度)란 죽은 이의 영혼을 극락으로 보낸다는 뜻이며, 재(齋)란 생각과 말과 행동을 정화시킨다는 뜻이니, 천도재란 죽은 이의 영혼을 극락으로 보내기 위하여 살아 있는 사람의 생각과 말과 행동을 정화시키는 불교의식인 것이다.

이런 천도재는 불교가 중국으로 전래되면서 불교의 사유(四有)사상과 도교의 시왕(十王)사상이 불교로 흡수되면서 생겨난 의식이다.

불교의 사유사상이란 중생이 살다가 죽어서 다음의 생에 이르는 과정을 네 가지로 나눈 것인데, 중유(中有)·생유(生有)·본유(本有)·사유(死有)를 말한다. 중유란 죽어서 다음 생을 받을 때까지의 49일 동안이며, 생유는 어떤 생이 결정되는 순간이며, 본유는 어떤 생이 결정된 후부터 죽을 때까지이며, 사유(死有)는 죽는 순간이다.

그리고 시왕사상이란 도교적 민간신앙을 불교가 재해석한 것으로, 중국의 전설에 의하면 옥황상제가 염라대왕을 책봉해 지옥과 오악의 위병을 통솔하게 했다거나, 도교의 동악대제(東嶽大帝 = 태산부군)의 통솔을 받게 했다고 한다. 어쨌든 불교적인 염라왕과 도교적인 동악대제는 동등한 지위를 가지고 저승, 특히 지옥에서 죽은 사람들을 평가하여 내생을 결정하는데, 그 밑에는 다시 열 사람의 심판관이 있고 이들이 시왕이다. 이것을 불교가 흡수하여 저승의 일체 부중을 모두 지장보살(地藏菩薩)의 관할 아래에 두었는데, 저승에 관한 이러한 관념이 시왕사상이다.

이러한 시왕과 중유에 대한 개념이 접목되면서, 중유의 상태로 있는 동안을 시왕의 심판을 받는 기간으로 간주하여, 이 기간에 재를 지냄으로써 극락으로 왕생시킨다는 천도재의 개념이 생겨난 것이다. 따라서 사람이 죽으면 7일에 한번씩 7번을 지내는 사십구재, 100일재, 1년째가 되는 소상(小祥), 3년째가 되는 대상(大祥)이 시왕의 심판을 받는 날이어서 이 날에 지내는 재가 모두 천도재이다.

이것을 불교적인 교리에서 해석해 보겠다. 불교란 성불(成佛)의 가르침이다. 그런데 부처란 열반(涅槃)을 얻어야 되는 상태인데 열반이란 인도 산스크리트어 '니르바나(nir-vana)'의 음역으로 그 뜻은 완전연소이다. 그러므로 성불이란 삶을 완전연소한 상태가 된다. 삶을 완전연소한다는 것은 관계를 완전연소한다는 것이고, 관계를 완전연소한다는 것은 소통을 완전연소한다는 것이다. 완전연소, 그것은 완전히

제6장 타인의 죽음(他人之死)

태웠다는 말인데, 완전히 태웠다는 것은 탈 수 있는 것은 다 태워서 이제 더 이상 탈 수 없는 것들만 남아 있는 상태를 말한다. 그러므로 소통을 완전연소한다는 것은, 탈 수 있는 소통은 다 태우고 탈 수 없는 소통만이 남아 있는 상태를 말한다.

소통이란 요청이다. 그러므로 탈 수 있는 소통이란 흔쾌하게 할 수 있는 요청과 흔쾌하게 받아들일 수 있는 요청이다. 그리고 탈 수 없는 소통이란 흔쾌하게 할 수 없는 요청과 흔쾌하게 받아들일 수 없는 요청이다. 따라서 탈 수 있는 소통을 다 태웠다는 것은, 흔쾌하게 할 수 있는 요청을 흔쾌하게 하였고 흔쾌하게 받아들일 수 있는 요청을 흔쾌하게 받아들인 것이다. 그리고 탈 수 없는 소통이란 흔쾌하게 할 수 없는 요청을 흔쾌하지 않게 요청하였고 흔쾌하게 받아들일 수 없는 요청을 흔쾌하지 않게 받아들인 것이다.

그런데 불교에서 말하는 사바세계는 부처가 될 수 있는 수행을 할 수 없는 곳이고, 극락세계는 부처가 될 수 있는 수행을 할 수 있는 곳이다. 따라서 부처가 되려면 극락세계에 왕생하여야 한다. 그런데 부처는 이미 완전연소한 삶이니 부처가 될 수 있는 수행을 하는 극락세계는 완전연소 중인 삶이 된다. 그리고 사바세계는 불완전연소 중인 삶이 된다. 다시 말해서 부처는 흔쾌히 할 수 있고 받아들일 수 있는 요청은 흔쾌히 하고 받아들여졌으며, 흔쾌히 할 수 없고 받아들일 수 없는 요청은 흔쾌하지 않게 하고 받아들여진 상태이다. 즉 이미 상황이 종료된 것이다. 그러나 극락세계는 흔쾌히 할 수 있고 받아들일 수 있는 요청은 흔쾌히 하고 받아들여지고 있는 중이고, 흔쾌하게 할 수 없고 받아들일 수 없는 요청은 흔쾌하지 않게 하고 받아들여지고 있는 중인 세계이다. 그리고 사바세계는 흔쾌히 할 수 있고 받아들일 수 있는 요청을 흔쾌하지 못하게 하고 받아들여지는 중이며, 흔쾌히 하지 못하고 받아들일 수 없는 요청은 흔쾌하게 하고 흔쾌하게 받아들여지고 있는 중인 세계이다.

그런데 완전연소는 연소가 종료된 상태이니 불이 꺼진 상태이다. 그렇기에 거기에는 빛도 없고 열도 없다. 그러나 완전연소 중인 곳에는 빛도 있고 열도 있다. 하지만 불완전연소중인 곳은 빛은 있으나 밝지 못하고 열은 있으나 뜨겁지 않으면서 지속해서 독가스를 분출하는 곳이다. 그러므로 재미있는 세계는 완전연소 중인 세계일 수밖에 없다. 그래서 그곳을 극락(極樂)이라 하는 것이다.

그런데 천도재란 죽은 사람을 극락으로 왕생시키기 위하여 살아 있는 사람의 생각과 말과 행동을 맑히는 의식이다. 천도재에서 극락으로 가야할 사람은 죽은 사람이다. 그러므로 당연히 죽은 사람의 생각과 말과 행동을 맑혀야 하는데, 죽은 사람의 생각과 말과 행동을 맑히는 것이 아니라 살아 있는 사람의 생각과 말과 행동을 맑힌다. 왜냐하면 천도재가 극락 왕생시키는 죽은 사람이란 실재하는 죽은 사람이 아니라 살아 있는 사람의 생각 속에 있는 죽은 사람이기 때문이다.

그리고 극락이란 곳이 완전연소하는 곳이니, 죽은 사람을 극락 왕생시킨다는 것은 살아 있는 사람의 생각 속에 있는 죽은 사람과의 관계를 완전연소할 수 있는 상태로 만든다는 것이다. 즉 이것은 살아 있는 사람과 살아 있는 사람의 생각 속에 있는 죽은 사람이 서로 흔쾌히 할 수 있고 받을 수 있는 요청은 흔쾌히 하고 받으며, 흔쾌히 할 수 없고 받을 수 없는 요청은 흔쾌하지 않고 받을 수 없는 상태를 만드는 것이다. 그러기 위해서는 우선 살아 있는 사람의 생각 속에 이미 죽은 사람은 죽은 사람으로 존재하여야 한다. 따라서 그것을 가능하게 하려면 살아 있던 사람과의 관계는 단절되고 죽은 사람과의 새로운 관계가 생성되어야 하는 것이다.

따라서 사유(死有)란 살아 있는 사람과의 관계가 단절된 순간이고, 중유(中有)란 죽어 있는 사람과 새로운 관계를 형성시키고 있는 순간이고, 생유(生有)란 죽은 사람과 새로운 관계가 형성되는 순간이다. 그리고 본유(本有)란 죽은 사람과 관계가 유지되고 있는 순간이다. 따라서 천도재 기간은 중유의 기간이어서, 살아 있던 사람과는 관계를 단절하고 죽은 사람과 새로운 관계를 형성시키는 의식인 것이다.

4) 서양의 방식

기독교사상이 근본적으로 흐르고 있는 서양인들에게 죽음이란, 절대유일신인 여호아의 부름을 받아 천국으로 인도되어진 순간이다. 그래서 죽은 자는 죽어서 천국에서 다시 만날 수 있다는 사상이 있으나, 이들이 죽음을 맞이하는 모습을 보면, 죽은 자는 살아서는 만날 수 없다는 의식보다는, 죽은 자를 죽은 채로 만나는 모습을 엿볼 수 있다.

사람이 죽으면 이름만이 남는다. 그래서 서양인들도 죽은 사람의 이름을 새겨 무덤 앞에 놓았다. 서양인들의 무덤은 자기 집의 마당에 있고 설사 마당이 없다 하더라도 마을의 공동공원에 무덤을 만든다. 거기에 묘비를 놓고 추모할 때 그 묘비 앞에 꽃을 놓는다. 그렇기에 이들의 묘비는 묘비의 의미뿐만 아니라 위패이기도 한 것이다. 그리고 틈틈이 가족들과 함께 찾아가 놀았다. 즉 죽은 사람은 죽은 채로 만나며 살았던 것이다.

4. 제대로 수용되지 못한 타인의 죽음이 인생에 주는 영향

타인의 죽음이 제대로 수용되지 못하였다는 것은, 죽었음에도 불구하고 죽은 사람과의 관계가 제대로 생성되지 못하여 살아 있던 사람과의 관계로 지속된다는 것이다.

이런 경우에 우선적으로 생각해 볼 수 있는 것은 영혼이니 귀신이니 하는 것의 출현이다. 그런데 우리는 분명히 앞 장에서 영혼이니 귀신이니 하는 것들은 실재할 수 없음에 대하여 알아보았다. 그럼에도 불구하고 이런 것들이 출현할 수 있다는 것인데, 우선 인생의 구조를 다시 상기하여 보면, 처해진 상황을 몸이 보고 듣고 냄새 맡고 맛보고 느끼면서 받아들이면 마음이 그것을 인식하고 그러면 상황을 파악하기 위하여 생각을 하는데, 인생을 살아가는 주체는 그 생각이고 그 생각이 살아가는 세상은 그 생각이 만든 세상이다. 따라서 생각이 만든 세상과 실제상황과는 충분히 다를 수 있다. 그런데 실제상황 속에 그 생각을 실현하기 위하여 말하고 행동한다.

여기에서 영혼이니 귀신이니 하는 것들은 몸은 없지만 마음만을 가지고 생각을 하는 존재이다. 즉 생각만이 있고 말과 행동은 할 수 없는 상태라는 것이다. 그런데 실제상황에서는 이런 것은 존재할 수 없다. 왜냐하면 몸이 정보를 받아들여 주지 않으면 마음이 생각을 만들어 낼 수 없기 때문이다.

하지만 생각이 만든 세상, 그것은 허상이다. 여기에서 불가능한 것은 없다. 따라서 생각 속에서는 영혼이나 귀신의 존재가 충분히 가능하다. 그렇기에 살아 있는 사람이 죽은 사람에 대한 정보를 살아 있던 때의 정보로 받아들이고 이것을 마음이 인식하여 생각이 떠오르면, 그 생각 속에서 떠오르는 죽은 사람은 죽어 있는 상태의 사람이 아니라 살아 있는 사람의 상태로 떠올리게 된다. 그렇게 되면 그것은 몸은 비록 죽었으나 마음은 살아서 살아 있을 때처럼 섭섭해 하고 미워하고 고마워하고 즐거워하고 증오한다. 이렇게 죽은 사람을 살아 있는 사람처럼 생각하니 이것이 곧 귀신이고 영혼이지 않겠는가? 그러다 보니 죽은 자가 살아 있을 때처럼 때로는 화를 내기도 하고 때로는 웃기도 하고 때로는 슬퍼하기도 한다. 이것이 살아 있는 사람을 불편하게 만드는 것은 자명한 사실이다.

하지만 죽어 있는 사람과 새로운 관계가 형성된 상태에서는 살아 있는 사람이 몸으로 받아들인 죽은 사람의 정보는 죽음이다. 살아 있을 때처럼 생각하지 않고, 죽어 있는 상태에서 몸과 마음으로 생각한다. 새로운 관계 속에서 충분히 소통한다. 따라서 불편함이란 존재하지 않는다.

이런 것이 가까운 인연인 부모와 자식지간에는 더욱 심하다. 부모와 자식은 서로 사랑하는 사이이다. 하지만 부모는 자식의 사랑을 받아들일 수 있지만 자식은 부모의 사랑을 받아들이지 못한다. 무슨 말인가 하면, 사랑을 하게 되면 그 사람을 괴롭히게 된다. 다시 말해서 스토커가 된다. 그런데 사랑을 받는다는 것은 그 괴롭힘을 달고 기쁘게 받아들이는 것이다. 예를 들어 어린 아이가 태어나서 젖 달라고 귀저기 갈아 달라고 어머니를 재우지도 않으면서 괴롭힌다. 이것은 아이가 어머니를 사랑하고 있는 것이다. 그런데 어머니는 그것을 조금도 괴로워하지 않고 기꺼이 받아들인다. 이것은 어머니가 아이의 사랑을 받고 있는 것이다. 그래서 크면 부모는 자식에게 사랑을 준다. 그래서 이것저것 지적하고 괴롭히며 자식의 스토커가 된다. 이것은 부모가 자식을 사랑하고 있는 것이다. 그러나 자식들은 이런 부모 때문에 괴로워한다.

실제로 부모 말씀을 잘 들어 잘 되는 사람은 하나도 없다. 차라리 부모말씀 잘 안 듣는 자식이 잘 된다. 부모 말을 잘 들으면 부모처럼 될 것이 뻔한데, 부모는 자식에게 자기처럼 살지 않으려면 자기 말을 잘 들으란다. 부모가 자식에게 하는 말, 스토커 같은 짓도 모두가 자식이 잘 되기를 바라서 하는 것이다. 그러나 이런 부모의 사랑은 자식의 미래에 도움이 되지 않는다. 그렇다고 하여 어떻게 부모가 자식을 사랑하지 않고 무관심하게 있을 수 있겠는가? 그렇다고 자식이 부모 말을 잘 들어 신세를 망칠 수도 없지 않겠는가? 그래서 부모는 자식이 잘 되기를 바라며 자식에게 부모가 시키는 대로 하라고 요청한다. 하지만 자식은 잘 되기 위해서는 부모가 시키는 대로 해서는 안 된다. 그러므로 부모의 요청은 자식으로서는 받아들일 수 없는 요청이다. 그러므로 자식이 크면 부모와 자식은 절대로 소통이 될 수 없는 사이이다. 즉 완전연소 할 수 없는 관계이다.

하지만 부모가 돌아가시면 말이 달라진다. 부모의 요청은 자식이 잘 되기를 바라는 것이다. 그러면서 시키는 대로 하라고 요구하지 않는다. 그렇기에 자식은 부모의 요청을 받아들일 수 있다. 소통이 잘 되는 관계가 되는 것이다. 하지만 돌아가신 부모와의 새로운 관계가 형성되지 않았다면 부모는 지속해서 부모가 시키는 대로 하라고 요구한다. 그렇게 되면 돌아가신 부모와도 불통하는 상태가 지속되는 것이다.

또 부부지간에도 그렇다. 부부란 남녀가 만나 사는 것이어서, 남녀란 사람으로서는 서로 소통될 수 없는 상태이다. 그러나 남녀로서 성이 섞이면 서로 소통될 수 있다. 남자의 성이 여자의 성에게 요청하는 것은 하나뿐이다. 지속해서 보호를 요청하라는 것이다. 그리고 여자의 성이 남자의 성에게 요청하는 것은 하나뿐이다. 지속해서 보호하라는 것이다. 그리고 이것을 확인하는 방법은 섹스이다. 그런데 섹스는 몸으로 하는 것이다.

따라서 죽으면 몸이 없어진 것이어서 섹스를 할 수 없다. 다시 말해서 상대의 요청을 확인할 수 없고, 그렇게 되면 사랑을 느낄 수 없게 된다. 그렇기에 죽었음에도 불구하고 살아있는 상태에서의 관계가 지속된다면 사랑을 확인할 수 없는 부부관계는 상처 그 자체가 된다.

하지만 죽은 사람과의 관계가 새롭게 형성된다면 남편이 죽은 경우 아내에게 지속해서 남편의 보호를 받고 싶은 생각이 있다면 남편은 수호신이 되어 아내를 지켜준다. 그리고 아내가 죽은 경우 남편에게 지속해서 아내를 보호하고자 하는 생각이 있다면 아내는 지속해서 보호를 요청하며 남편의 수호신이 되어준다. 다시 말해서 죽은 채로 부부관계가 지속될 수 있는 것이다.

그렇기에 가까운 사이일수록 죽음을 맞이하였을 때, 살아 있을 때의 관계를 정리하고 산 자와 죽은 자로서 새로운 관계를 형성시키는 것은 무엇보다도 중요한 것이라 할 수 있을 것이다.

맺음말
(結語)

이 책, 인생학개론은 건강한 인생이 어떤 것인지를 제시하는 것에 그 목적이 있다. 그리고 건강한 인생을 제시하는 이유는 그렇게 해야 아픈 인생이 어떤 것인지 구분할 수 있고, 그렇게 되면 왜 인생치유가 필요한지를 알 수 있기 때문이다.

그래서 이 책은 우선 건강한 인생을 제시하기에 앞서, 어째서 그것이 건강한 인생인가를 설명하기 위하여 인생의 구조에 대하여 살펴보았다. 그것을 살펴보면 인생을 사는 주인공은 생각이다. 그 생각은 몸이 지금과 여기에 있는 정보들을 받아들여서 그것을 마음이 인식하여 생겨난 것이다. 그런데 그 생각이 사는 세상은 자신이 만든 왜곡되어진 지금과 여기이다. 그것은 실제상황 속에 놓인 지금과 여기로 말과 행동을 통하여 출력된다. 그러면서 성장하여 어른이 되고 결혼하여 아이 낳고 늙어 가면서 부모님의 죽음을 맞이하고 아이들이 어른이 되어 결혼하는 것을 보면서 죽어가는 것이다.

우리가 인생을 통하여 추구하는 것은 행복이다. 행복이란 재앙이 막아지고 풍족함이 오는 것이다. 그런데 인생의 재앙은 생각을 말과 행동을 통하여 출력하기 때문에 찾아오는 것이다. 다시 말해서 생각은 '왜곡되어진 지금과 여기'이다. 그것을 실현하기 위하여 왜곡되지 않는 지금과 여기로 말과 행동을 통하여 출력한다. 그렇게 되면 왜곡되어진 지금과 여기와 왜곡되지 않은 지금과 여기가 충돌하게 된다. 그래서 찾아오는 것이 재앙이다.

이 재앙을 막기 위해서는 생각 속의 세상은 왜곡되어진 지금과 여기이며, 그것을 구현하기 위하여 말과 행동으로 출력하는 세상은 왜곡되어지지 않은 지금과 여기라는 사실을 알아야 한다. 그러기 위해서는 왜곡되어진 자신의 생각을 숨기면 안 된다. 이것이 바르게 생각하는 것인데, 이렇게 되면 왜곡되어진 자신의 생각을 왜곡되어지지 않은 세상에 구현하기 위해서는 어떻게 말하고 행동하여야 할지를 알고 출력하게 된다. 이것이 바르게 말하고 바르게 행동하는 것이다. 그렇게 되면 바른 생활이 되고, 이 바른 생활을 유지하게 되면 바른 습관이 생겨 건강한 인생을 살게 된다. 다시 말해서 왜곡된 생각을 왜곡되지 않은 세상에 구현해야 하기에 생긴 재앙을, 그런 상태를 바르게 알고 구현시킬 수 있게 말과 행동으로 출력함으로써 재앙은 막아진다. 그러면 복이 찾아오는 것이다. 이렇게 생각이 제대로 구현될 수 있게 말하고 행동하는 것, 이것이 바로 소통이다.

소통이란 요청이다. 그렇기에 소통이 잘 안될 때는 나의 요청과 상대의 요청이 무엇이었는지를 파악하고, 그것이 흔쾌히 응해질 수 있는 것인지의 여부를 파악하여, 원인을 분석하면 방법을 찾을 수 있다. 어쨌든 소통이란 요청이므로 소통을 하려면 요청하는 자와 요청을 받아들이는 자가 존재한다. 즉 관계가 형성되어야 한다.

따라서 소통을 하려면 관계의 생성과 유지와 단절을 익혀야 한다. 그리고 성장하면 학교에 들어가, 소통의 도구인 언어를 익혀야 하며, 소통의 내용인 생각하는 법을 배우기 위하여 수학을 익혀야 한다. 그리고 요청의 노하우인 예절을 익혀야 한다. 그런 후 사춘기를 통하여 자기만의 소통방식을 장착하여야 어른이 될 수 있다. 어른이 되면 결혼을 한다. 결혼은 남자와 여자가 하는 것인데, 둘은 서로의 부족함을 보완하기 위하여 탄생한 것이기에 하나부터 열까지 같은 것이라고는 하나도 없다. 그렇기에 상대의 요구사항은 서로가 예측조차 할 수 없고 남녀가 소통하기 위해서는 남성은 여성을, 여성은 남성을 알아야 한다. 그런데 남녀가 절대로 소통할 수 없는 존재라 하더라도 남성과 여성의 성을 섞는 것을 통하여 서로가 소통될 수 있다. 하지만 부모와 자식은 그 어떤 방법으로도 절대로 소통될 수 없는 존재이다. 그러므로 부모님의 죽음 그것을 제대로 맞이하는 곳에 인생의 소통이 있다.

그리고 죽음은 곧 삶이다. 따라서 죽음에 대한 정확한 이해 없이 삶에 대한 이해가 있을 수 없다.

이 책은 이렇게 건강한 인생을 제시한다는 목적을 달성하기 위하여, 인생의 구조를 통하여 건강한 인생을 제시하고 그것이 어째서 건강한 인생인가를 설명하였다. 그리고 이런 인생을 살기 위해서는 어떻게 생활하여야 하고, 어떻게 결혼생활을 하여야 하고, 자신의 죽음과 타인의 죽음은 어떻게 수용하여야 하는지에 대하여 말하였다.

그렇기에 이 책을 읽으면서 해결책을 찾고 시행하여 문제를 해결하였다면 당신의 인생은 건강한 인생이다. 하지만 해결책을 찾았지만 시행이 안 된다거나, 이 책이 어렵게만 느껴진다면 그것은 이 책이 어려워서가 아니라 당신의 인생이 아프기 때문이다. 그렇기에 이런 경우 스스로 애쓰지 말고 인생치유 할 것을 권하고 싶다. 그러므로 그런 경우는 인생치유학에 관심을 가져주기를 부탁한다.